KINDER
BASTELN
tolle
SACHEN

50 supermegagute **Bastelideen**

ab 4 Jahren

Liebe Eltern,

was machen Sie mit Ihren Kindern an Regentagen? Was, wenn der Kindergarten geschlossen hat und es für den Spielplatz zu kalt ist? Was machen Sie, wenn der Geburtstag von Oma Isolde vor der Tür steht? Sie basteln gemeinsam!

Wir haben Ihnen die schönsten Ideen, die ich in unserem reichen Schatz finden konnte, zu einem umfassenden Kinderbastelbuch zusammengestellt – quer durch alle Materialien. So ist Bastelspaß garantiert! Jede Bastelidee wird Schritt für Schritt erklärt und sollte so unkompliziert umzusetzen sein. Sollten Sie dennoch zögern, finden Sie eine umfassende Basisanleitung auf den Seiten 10–13.

Nicht jeder bastelt nur mit einem Kind. Vielleicht möchten Sie ja sogar einen ganzen Kindergeburtstag mit einer Basteleinheit bereichern? Die Kontur-Vorlagen am Ende des Buches stehen Ihnen deshalb auch zum Download zur Verfügung – so können Sie sie in unbegrenzter Zahl ausdrucken. Den Downloadlink finden Sie im Impressum auf Seite 124.

Wussten Sie, dass Basteln dazu beiträgt ein Kind schulreif zu machen? Kaum eine Tätigkeit fördert die Feinmotorik kleiner Kinder mehr als das konzentrierte Ausschneiden, Knüllen, Kleben oder Fädeln. Die Konzentrationsfähigkeit nimmt zu, die Geschicklichkeit wird trainiert – und welches Kind platzt nicht fast vor Stolz, wenn es einen selbstgemachten Elefanten, eine kleine Blumenvase oder ein Feuerwehrauto verschenken kann. In unserer schnellen, konsumorientierten Zeit ist es wichtig, zu vermitteln, dass es Zeit und Mühe braucht, um ein Geschenk anzufertigen, das von Herzen kommt. Wie könnten Sie diese Erfahrung schöner vermitteln als mit einem gemeinsamen Bastelnachmittag?

Die Kreativvorschläge in diesem Buch sind in unterschiedliche Material-Kapitel gegliedert – denn Vorlieben sind verschieden. Das wohl aktuellste Thema, ist das Basteln mit Recyclingmaterial. Jeder Kreative weiß, dass ein leerer Eierkarton, eine Klorolle, ein Joghurtbecher oder ein leeres Marmeladenglas nicht nur Müll sind, sondern wunderbares Basismaterial aus dem Tolles entstehen kann. Hauchen wir also unserem Müll neues Leben ein! Aber auch textiles Werken, der filigrane Umgang mit Papier, das Modellieren mit Knetmassen oder das etwas „schmutzigere" Unterfangen, draußen Naturmaterialien zu sammeln, um mit ihnen zu basteln, machen große Freude. Kreativ sein kann man zu jeder Jahreszeit, in jedem Alter und zu fast jedem Anlass. Stöbern Sie mit Ihrem kleinen Künstler durch die nachfolgenden Seiten. Es ist mit Sicherheit für jeden etwas dabei!

Viel Spaß mit Kleber, Schere & Co.,

Ihr Team
aus dem frechverlag

INHALTSVERZEICHNIS

Vorlagen-Download

Die Vorlagen zu diesem Buch stehen in deiner digitalen Bibliothek unter **www.topp-kreativ.de/digibib** nach erfolgter Registrierung zum Ausdrucken bereit.

Den Freischalte-Code für die Vorlagen findest du auf Seite 124

TIPPS & TRICKS
zum Basteln

Bevor es losgeht...

Zu Beginn jeder Bastelarbeit solltest du deinen Arbeitsplatz und auch den Boden darunter gut mit Zeitung oder einer Wachstischdecke abdecken, das hält Farbe und Klebstoff ab. Hilfreich ist auch ein griffbereites altes Tuch, mit dem Überschwemmungen auf dem Basteltisch blitzschnell trockengelegt werden können. Lege dir alle Materialien vorher zurecht, damit du nicht während des Bastelns suchen musst. Wenn du bei einem Projekt viel mit Farbe oder Klebstoff arbeitest, ziehst du dir am besten Sachen an, die dreckig werden dürfen.

Papier

Papier ist einfach DAS Bastelmaterial! Mit Tonpapier, Tonkarton, Zeitungspapier und Kleister, Seiden- oder Krepppapier lassen sich herrliche Objekte basteln. Man kann es reißen, schneiden, knüllen, falten oder bemalen. Neben Papier bieten sich auch Recyclingmaterialien wie Pappteller, Papprohre, Pappbecher, Pappschachteln und Pappdosen zum Basteln mit Kindern an.

Hexentreppe falten

Dazu werden zwei gleich breite Papierstreifen benötigt.

1 Klebe den ersten Streifen an einem Ende im rechten Winkel auf den zweiten.
2 Falte den unteren über den oberen. Jetzt liegt der erste Streifen unten.
3 Falte den ersten Streifen wieder über den zweiten.
4 Mach so weiter und falte die beiden Streifen immer abwechselnd übereinander, bis die Hexentreppe fertig ist. Mit Klebstoff fixieren.

Vorlagen übertragen

Für einige Modelle in diesem Buch findest du auf den letzten Seiten Vorlagen. Du kannst sie auch downloaden und ausdrucken – und dabei die Größe nach Wunsch anpassen. Mit Kohlepapier kannst du sie auf Papier oder Pappe übertragen. Lege dazu das Kohlepapier mit der beschichteten Seite nach unten auf das Tonpapier. Obenauf kommt die Vorlage, die du mit einem spitzen Stift nachzeichnest. So drückt sich der Umriss auf das Tonpapier ab, du kannst ihn dann ausschneiden.

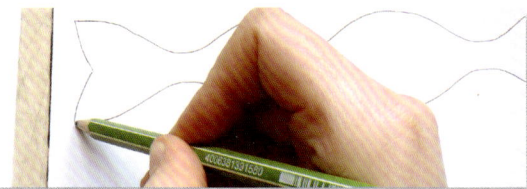

Willst du eine Vorlage auf Stoff übertragen, legst du ein transparentes Papier darauf und zeichnest die Vorlage mit weichem Bleistift nach. Das Transparentpapier legst du dann mit der Bleistiftseite nach unten auf den Stoff. Ziehe die Linien auf der unbenutzten Seite des Papiers noch einmal nach und drücke dabei etwas fester auf. Wenn du das Papier wegziehst, sollte sich der Umriss auf dem Stoff abzeichnen.

Schablonen anfertigen

Schablonen brauchst du, wenn du eine Form aufmalen willst oder ein Motiv mehrmals ausschneiden musst. Bei der ersten Variante überträgst du die Vorlage auf normales Kopierpapier. Dann schneidest du in einem großen Viereck um den Umriss herum. Anschließend schneidest du aus dem Viereck das Innere des Umrisses mit einer spitzen Schere aus und bekommst so deine Schablone. Befestige die Schablone mit Klebeband an deinem Objekt und male das Innere mit Farbe aus.

Wenn du ein Motiv mehrmals ausschneiden musst, überträgst du deine Vorlage einfach auf ein Stück Pappe, anstatt auf das Tonpapier, und schneidest es aus. Aufgrund der Stabilität der Pappe kannst du das Motiv nun so oft wie du möchtest auf das Tonpapier zeichnen. Einfach immer umranden und fertig!

TIPP

Hebe deine Schablone immer auf! Eine Blume z.B. kannst du bestimmt auch für ein anderes Bastelprojekt gebrauchen. Mit einem Vorrat an Schablonen kannst du dir viel Zeit bei deinen Bastelprojekten sparen.

Klebstoff

Zum Kleben von Papier eignet sich der tropffreie UHU Alleskleber. Viele dünne Papiere ziehen sich bei flüssigem Klebstoff zusammen, dadurch lassen sie sich nicht mehr exakt verkleben. Das passiert bei dem gelartigen Alleskleber nicht. Wenn du etwas hervorheben willst, nimmst du am besten selbstklebende Schaumstoffpads, die ganz klein unter dem Papier versteckt für einen schönen 3D-Effekt sorgen.

Experten-Wissen: Klebstoffflecken entfernen

Klebstoff auf der Kleidung bleibt beim Basteln mit Kindern nicht aus. Wenn es darum geht, die Flecken wieder herauszubekommen, haben lösungsmittelfreie Klebstoffe und Kleister die Nase vorn. Sie lassen sich einfach auswaschen. Bei herkömmlichen Allesklebern hilft hingegen nur der Griff zum Spezial-Fleckentferner. Noch frische Flecken lassen sich je nach Klebstoff außerdem mit Alkohol (Spiritus) entfernen. Trockenem Klebstoff kann man auch mit Aceton, Nitroverdünner oder Ethylacetat auf den Leib rücken. Davor unbedingt immer eine Farbprobe an einer verdeckten Stelle des verklebten Kleidungsstücks machen!

Scheren

Für das Schneiden von Papier oder Stoff gibt es jeweils spezielle Scheren. Die normale Bastelschere kannst du für alle Papiere und auch Pappe verwenden. Für filigrane Muster eignen sich eine Silhouettenschere oder eine Nagelschere besser. Beide sind klein und vorne spitz, sodass du gut in knifflige Ecken kommst.

Für kleine Kreise empfehle ich Kreisstanzer statt einer Schere. Zum Anzeichnen großer Kreislinien verwendet man am besten runde Gegenstände wie Pappdosen, Gläser, Tassen oder Schüsseln. Pappteller, Tortenunterlagen aus Pappe, runde Faltpapiere oder Bierdeckel sind oftmals gute Bastelmaterialien, wenn man mit runden Formen basteln möchte.

Farbe

Besonders großen Spaß macht es mit den Fingern zu malen. Dafür gibt es spezielle Fingerfarbe, die deine Haut nicht angreift und sich leicht herauswaschen lässt. Es gibt transparente oder deckende Varianten, für Glas ist z.B. die transparente Fingerfarbe gut geeignet. Soll die Farbe dauerhaft auf dem Glas bleiben, kannst du spezielle Glasmalfarbe und einen Pinsel verwenden.

Für Holz und Pappe eignen sich Acrylfarben. Sie decken sehr gut und lassen sich leicht mischen oder verdünnen. Da sich diese Farbe nicht so leicht wieder herauswaschen lässt, trägst du beim Basteln am besten einen Malerkittel. Besonders preiswert ist Voll- und Abtönfarbe aus dem Baumarkt, die in vielen Farben und in großen 250 ml-Flaschen angeboten wird.

Sie kann mit Wasser verdünnt werden und ist außerdem geruchs- und schadstoffarm.

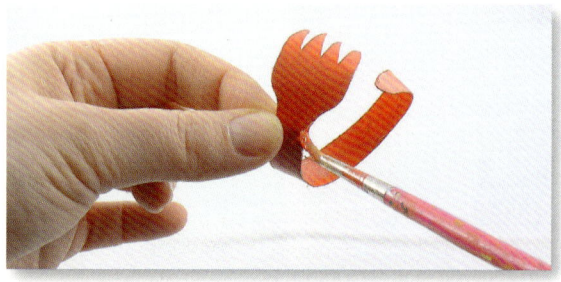

Für Stoff nimmst du am besten Textilfarben. Es gibt verschiedene Farben für helle und dunkle Stoffe. Wasche die Stoffe immer zuerst, dann hält die Farbe später besser. Lege beim Malen eine Plastiktüte unter den Stoff oder zwischen zwei Stoffschichten, da die Farbe oft durchdrückt. Wenn die Farbe getrocknet ist, musst du den Stoff noch von einem Erwachsenen bügeln lassen, um die Farbe zu fixieren. Dann kann dein Stoff auch ohne Probleme gewaschen werden.

TIPP

Kleineren Kindern bietet man die Farben am besten in kleinen Näpfen an. Dafür eignet sich z.B. eine alte Muffinbackform. Zum Malen kann man sich selbst Pinsel aus Wattebäuschen machen, die in Wäscheklammern geklemmt werden. Am besten bekommt jeder Napf seinen eigenen Klammerpinsel, damit die Farben möglichst lange rein bleiben.

TIPP

Kleine Kunstwerke lassen sich übrigens schön in Szene setzen, wenn sie mit Foldback-Klammern an der Wand aufgehängt werden. So lassen sich alte Kunstwerke auch schnell und unkompliziert gegen neue austauschen. Einen schönen Rahmen verleihen auch bemalte Pappteller.

Schraffieren

Möchtest du eine Fläche mit Farbe schraffieren, nimm einen harten Borstenpinsel. Tunke ihn in Farbe und streiche den Großteil davon an einem Küchentuch ab. Wenn du jetzt leicht mit deinem Pinsel über die Fläche streichst, entsteht eine schöne Schraffur. Tauche den Pinsel erst wieder in Farbe, wenn er keine Farbe mehr abgibt. Manchmal reicht es auch schon, wenn du etwas Farbe von der Abwischstelle am Küchentuch aufnimmst.

Kugeln anmalen

Kugeln kannst du einfach auf einen Schaschlikspieß stecken, so kommst du überall leicht mit dem Pinsel hin. Stelle den Spieß anschließend in ein Gefäß, damit die Farbe in Ruhe trocknen kann.

Sticken und Nähen

Bei allen Textilprojekten in diesem Buch nähst oder stickst mit einem dicken Garn. Stickgarn besteht aus sechs Fäden, das ist etwas zu dick, teile deshalb das Garn so, dass es nur noch aus drei Strängen besteht. Beim ersten Einstich wird der Faden immer nur so weit durchgezogen, dass auf der anderen Seite noch ca. 10 cm des Fadens übrigbleiben. Dieses Ende musst immer vernähen und verknoten, da sich sonst deine ganze Arbeit wieder aufräufeln kann. Wenn dir der Faden immer wieder herausrutscht, kannst du auch einen Knoten in das Ende machen.

Steppstich

Der Steppstich ist ein langer gerader Stich, der gut geeignet ist, um Umrisse zu sticken. Stecke die Nadel das erste Mal von unten durch den Stoff und stich dann weiter entfernt wieder ein. Die Nadel ist jetzt unter deinem Stoff. Möchtest du den Stich in gerader Linie fortsetzen, musst du die Nadel ein Stück weiter weg nach oben führen und dann von oben wieder in das vorherige Einstichloch stecken. Für eine lange gerade Linie wiederholst du diesen Vorgang in gleichmäßigen Abständen immer wieder. Je enger du deine Abstände setzt, desto fester wird die Naht.

Stielstich

Dieser Stich ist ebenfalls ein langer gerader Stich. Du setzt die Stiche hier aber nicht hintereinander, sondern so, wie du es für dein Muster brauchst (z.B. kleine Schrägen). Achte darauf, dass die Stiche nicht zu weit voneinander entfernt liegen.

Zugstich

Stich die Nadel ein Stück vom Rand entfernt und in gerader Linie immer abwechselnd einmal ein und wieder heraus. Vergiss nicht, am Anfang ein Stück Faden stehen zu lassen. Bei dieser Stichart arbeitest du nur vorwärts. Deine Nadel sticht nicht noch einmal rückwärts ein. Hast du das ganze Stück geschafft, nimmst du die Nadel vom Faden.

Ziehe nun gleichzeitig am Anfang und am Ende des Fadens. Dadurch zieht sich der Stoff zusammen und verschließt wie ein Zugbund ein Loch oder einen Beutel. Verknote die Fäden fest miteinander und schneide sie anschließend ab.

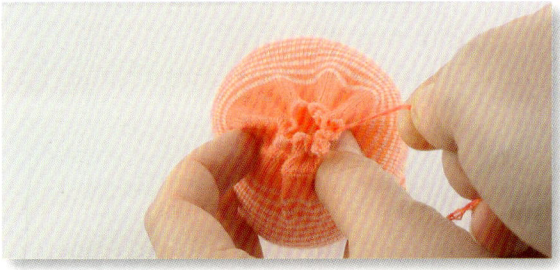

Vernähen

Wenn du mit einer Naht fertig bist, musst du den Faden immer vernähen (es sei denn, du verknotest ihn). Vernähen bedeutet, dass du die Nadel auf der Rückseite des Stoffs mehrmals durch ein Fadengeflecht ziehst. Konzentriere dich dabei auf eine Stelle, die du von mehreren Seiten durchstichst. Der Faden darf

nur auf der Rückseite vernäht werden und wird nicht auf der Vorderseite entlang geführt! Hast du das oft genug gemacht, schneidest du den Faden ab und deine Näh- oder Stickarbeit ist fertig.

Kordeln drehen

1 Nimm ein langes Stück Wolle, lege es doppelt und verknote die losen Enden miteinander.
2 Knote das eine Ende an einem festen Gegenstand fest, z.B. an einer Türklinke.
3 Stecke einen Stift durch das andere Ende und lege eine Hand wie einen Tunnel knapp neben dem Stift um die Wolle.
4 Mit der anderen Hand drehst du den Stift so schnell du kannst im Kreis, wie die Rotorblätter eines Hubschraubers.
5 Wenn die Wolle dicht verdreht ist, kannst das Stiftende zum festgeknoteten Ende führen und die verdrehten Wollfäden doppelt legen. Dabei schlingen sie sich umeinander und die Kordel entsteht. Mach einen Knoten in das offene Ende, damit sich deine Kordel nicht aufdreht. Fertig!

Recyclingmaterial

Auch im Haushalt findet sich allerlei, was Kinder zum Basteln verwenden können: Muffinförmchen, Einwegbesteck, Pappverpackungen, Geschenkband, Putzschwämme, PET-Flaschen, Alufolie: Alles ist zum Basteln da! Zu beachten gibt es wenig, außer dass die Materialien nicht scharfkantig oder gesundheitlich bedenklich sein sollten. Verwendest du leere Marmeladengläser, Joghurtbecher oder Dosen, dann achte darauf, dass vor dem Basteln alles gut gespült und abgetrocknet ist.

Naturfundstücke

Draußen in der Natur kann man bei einem Spaziergang Blätter, Zweige, Tannenzapfen, Kastanien, Steine und viele andere tolle Sachen sammeln, aus denen Zuhause wunderbare Bastelprojekte werden. Je nach Material bieten sich andere Aufbewahrungsmodi an: Kastanien beispielsweise bleiben länger frisch, wenn man sie einfriert. Vor dem Basteln einfach kurz auftauen lassen! Blüten und Blätter hingegen legt man zwischen die Seiten eines dicken, schweren Buches und lässt sie ein paar Tage darin trocknen. Dann sind sie schön glatt gepresst.

PAPIERBASTELN

KLEINE NACHTEULEN

Pappkameraden aus Klorollen

Du brauchst

Klopapierrolle | Pinsel | Wattestäbchen | Bastelfarbe in Flieder, Braun, Gelb, Weiß und Hellblau | Tonpapier in Flieder oder Hellblau und Gelb | Schere | Klebstoff | Bleistift | 2 Wackelaugen, ø 1–1,2 cm

- -

 Die Klopapierrolle an einem Ende von beiden Seiten nach innen knicken.

 Die Klopapierrolle mit Bastelfarbe bemalen und trocknen lassen. Dann kannst du der Eule mit Bastelfarbe einen Bauch aufmalen und zwei spitze Ohren. Das Tupfenmuster stempelst du auf die trockene Farbe mit einem Wattestäbchen auf.

 Für den Schnabel ein kleines Dreieck aus dem Tonpapier ausschneiden. Den Schnabel und die Wackelaugen aufkleben.

 Lege deine Hände nacheinander auf das Tonpapier und umfahre sie mit dem Bleistift. Die Papierhände mit der Schere ausschneiden.

 Die Hände als Flügel an den hinteren Teil der Klopapierrolle kleben.

EIN KNALLBUNTER STRAUß

Seidenpapier und Hexentreppen

Du brauchst

Seidenpapier in Rot, Pink, Gelb und Orange | Tonpapier in Hell- und Dunkelgrün, A4 | Schaschlikstäbchen, 25 cm lang | Blumenkreppband in Grün | Schere | UHU Bastelkleber

VORLAGE SEITE: 119

 Falte das Seidenpapier zweimal, sodass du vier Lagen Papier erhältst. Zeichne auf das obere Papier zwei Kreise von 12 cm Durchmesser und schneide sie aus.

 Lege alle Kreise übereinander und falte sie zweimal mittig. Die Spitze des Tütchens, das du so erhältst, ist die Mitte des Kreises. Schneide diese Spitze ab und falte die Kreise wieder auseinander.

Durch das entstandene kleine Loch steckst du das Holzstäbchen als Stiel für deine Blume und klebst ihn von unten und oben fest. Umwickle das Stäbchen anschließend mit dem grünen Kreppklebeband. Reiße die Kreise vom Rand her ein wenig ein und zupfe die einzelnen Blütenkreise in Form.

Für die Stiele schneidest du aus hell- und dunkelgrünem Tonpapier je einen Streifen von 12 cm Länge und 5 mm Breite zu. Lege die Streifen in L-Form übereinander und klebe die Enden zusammen. Falte dann immer den oberen über den unteren Streifen bis das Ende erreicht ist. Die Hexentreppe sieht aus wie eine Ziehharmonika. Unsicher? Dann schau auf Seite 10.

 Zeichne Blätter auf das grüne Tonpapier. Schneide sie aus und klebe je eines an das Ende der Hexentreppe. Das andere Ende klebst du an den Stängel und umwickelst das Ganze zur Stabilisierung mit Blumenkrepp-band.

TIPP

Die Seidenblume sieht natürlicher aus, wenn du die Papierkreise nicht ausschneidest, sondern vorsichtig reißt. Fertige auf die gleiche Weise verschiedene Blumen an, sodass du einen bunten Strauß aus pink- und orangefarbenen, roten und gelben Blumen erhältst. Schon hast du ein tolles Geschenk zum Muttertag!

TREPPEN-HIGHWAY

Autobahn aus Pappe

Du brauchst

Pappkartons (z.B. Umzugskarton) | Universal-Gewebeband in Silber | Lackmalstift in Weiß | Permanentmarker in Schwarz | langes Lineal | Bleistift | Konstruktionskleber | Cutter | 7 bunte Knöpfe | Acrylfarbe in Schwarz | Pinsel oder kleine Farbrolle

VORLAGE SEITE: 118

 Den Kartons auseinanderschneiden und flach auf den Boden legen. Arbeitest du mit einem Cutter, benötigst du einen Erwachsenen als Assistenten. Messe die Höhe und Tiefe deiner Treppenstufen aus. Nun zwei Kartonteile mit der Höhe der Stufen, zwei Teile mit der Stufentiefe und eine große Spielfläche zuschneiden. Die Breite richtet sich dabei nach den Maßen der Treppe und Ihrer Kartons.

 Nun die Stücke abwechselnd auf der Rückseite mit dem Klebeband zusammenkleben.

 Für die Autobrücken Pappelemente mit einer Breite von 12 cm und einer Länge je nach Treppenstufe, plus an jedem Ende 1 cm Zugabe, zuschneiden. Die beiden Zugaben mit dem Bleistift einzeichnen und mit dem Cutter leicht einritzen. So lassen sich die Enden leichter umknicken und an den Treppen-Pappstufen befestigen.

 Klebe mit dem Gewebeband nun die Straßen und Kreuzungen auf. Mit dem Lackmalstift und Permanentmarker malst du noch Parkplätze und die Straßenmarkierung auf.

 Ein kleines Haus und einen Baum aus der Restpappe mit einer Standfläche von 1 cm ausschneiden. Vorlagen hierfür findest du auf Seite 118. Beides mit der Acrylfarbe schwarz anmalen und den Baum mit bunten Knöpfen bekleben. Nun die Knicklinie mit dem Cutter leicht anritzen, nach hinten biegen und auf die Spielfläche kleben.

 Autos aus der Spielzeugkiste suchen und fertig ist die Rennbahn.

GLÜCKSSTERNSCHMUCK

Ring, Ohring und Halskette

Du brauchst

Ring

Papierstreifen in Mittelblau, 1,5 cm breit und 35 cm lang | Ringrohling | UHU Alleskleber Kraft

Ohrringe

2 Papierstreifen in Hellgelb, 1,5 cm breit und 35 cm lang | Rundzange | 2 Kettelstifte | 2 Ohrhaken in Silber

Kette

Papierstreifen in Gelb, Rosa, Lila, Hellblau und Hellgrün, 1,5 cm breit und 35 cm lang | Rundzange | Seitenschneider | Nähnadel | Schmuckdraht, ø 0,6 mm, 50 cm lang | 24 Kunststoffperlen in Weiß, ø 1,5 cm | Kettenverschluss | 2 Quetschperlen in Silber

Glücksstern

1 Nimm einen Papierstreifen in deiner Lieblingsfarbe und mache vorsichtig in eins der Enden einen Knoten hinein. Ziehe den Knoten langsam zu und drücke ihn flach, sodass ein Fünfeck entsteht. Achte darauf, dass das Fünfeck genau gefaltet ist und an jeder Seite genau mit dem Streifen abschließt.

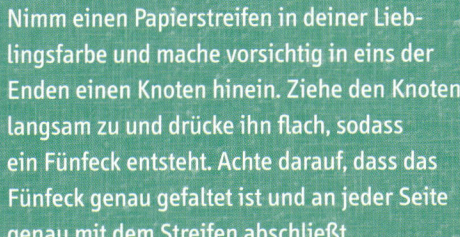

 **5** Drücke jetzt mit deinem Fingernagel die Mitte einer der Kanten des Fünfecks nach innen ein. Wiederhole das bei den anderen vier Kanten. Jetzt ist aus deinem platten Fünfeck ein Stern geworden.

2 Das kurze Ende des Papierstreifens kannst du unter die oberste Lage des Fünfecks stecken und festdrücken.

3 Den langen Papierstreifen jetzt immer an der Streifenkante des Fünfecks entlang wickeln. Die Kante des Streifens muss immer genau auf der Außenkante des Fünfecks liegen.

4 Wenn nur noch ein kurzes Stück übrig ist, kannst du das Ende wieder unter die oberste Lage stecken, wie unter Schritt 2 beschrieben. Wenn das letzte Stück zu lang sein sollte, kannst du es natürlich auch etwas abschneiden.

Ring

Klebe den Stern mithilfe von UHU Alleskleber Kraft auf einen Ringrohling. Lasse das Schmuckstück gründlich trocknen – fertig!

Ohrringe

Stich mit einem Kettelstift von unten durch den Stern nach oben durch die Spitze. Biege mit einer Rundzange eine Öse und hänge einen Ohrhaken dran. Schließe dann die Öse und dein erster Ohrring ist fertig. Wiederhole die Schritte für einen zweiten Ohrring.

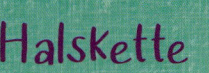

Halskette

Fädle 50 cm Schmuckdraht durch eine Nadel, ziehe 12 Perlen, sechs Sterne und wieder 12 Perlen auf und befestige hinten mit einem Knoten einen Verschluss.

KNÖLLCHEN

Knüllbilder für Einsteiger

Du brauchst

Fotokartonrest in Orange, Gelb, Rosa und Pink | Krepppapierrest in Gelb, Rot, Blau, Lila und Hellgrün | Buntstift in Schwarz und Rot | Klebstoff

VORLAGE SEITE: 110

- -

 Übertrage die Vorlagen auf den Fotokarton und schneide sie aus. Kleine Erstbastler können die Form auch ausprickeln.

 Klebe die Motivteile zusammen: Das Auto bekommt Räder, Die Blume eine Mitte und die Schnecke einen Kopf. Male der Schnecke ein süßes Gesicht.

 Reiße kleine Stücke vom Krepppapier ab und knülle diese zwischen Daumen, Mittel- und Zeigefinger zusammen.

 Gebe einen Tropfen Klebstoff auf die Kartonform und setze jeweils eine geknüllte Kugel drauf.

KNALLBUNTE KREISEL

mit Papierflocken verziert

Du brauchst

Tonpapierreste in Rot, Orange, Pink, Hell- und Dunkelgrün | Fotokarton in Gelb, A4 |
Rundholzstab, ø 0,5 cm, 7 cm lang | Bleistiftspitzer | Tapetenkleister | Zirkel

---

1 Rühre einen Löffel Kleisterpulver mit einer Tasse Wasser an und lass den Kleister dann quellen.

2 Zeichne mit einem Zirkel einen Kreis, ø 10 cm, auf den Fotokarton und schneide ihn aus. Du kannst aber auch einfach ein Wasserglas umdrehen, auf den gelben Fotokarton stellen und mit einem Bleistift umfahren.

3 Reiße die Tonpapierreste in kleine Flocken.

4 Gib mit den Fingern Kleister auf den Kreis und drücke die Papierschnipsel nacheinander darauf.

5 Spitze den kleinen Holzstab mit dem Bleistiftspitzer an und stecke ihn durch die Kreismitte. Fertig ist der flotte Kreisel!

KLEINSTWILDJÄGER
Maus-Trophäe aus Fotokarton

Du brauchst

Fotokarton in Braun, 25 cm x 30 cm | Fotokarton in Grün-Weiß gepunktet, 30 cm x 35 cm | Bastelfilzreste in Schwarz und Weiß | 3 Chenilledrähte in Türkis, 15 cm lang | Minipompon in Schwarz, ø 1 cm | Zackenlitze in Rot-Weiß, 80 cm lang | Lochzange | UHU Alleskleber

VORLAGE SEITE: 111

 Schneide das Trophäenschild aus und klebe die Litze rundherum auf.

 Nun schneidest du das Kopfelement aus. Knicke die Klebeteile entlang der gestrichelten Markierungen. Mit einer Lochzange stanzt du die markierten Löcher.

 Streiche den langen Verbindungsstreifen mit Alleskleber ein und klebe den Kopf zu einem Trichter zusammen.

 Klebe den Kopf an den Trophäenhalter. Nun schneidest du die Ohren aus und klebst sie an.

Schiebe jetzt die drei Chenilledrahtstücke als Schnurrhaare durch die beiden gestanzten Löcher.

 Klebe die Augen aus Filz und den Pompon als Nase auf.

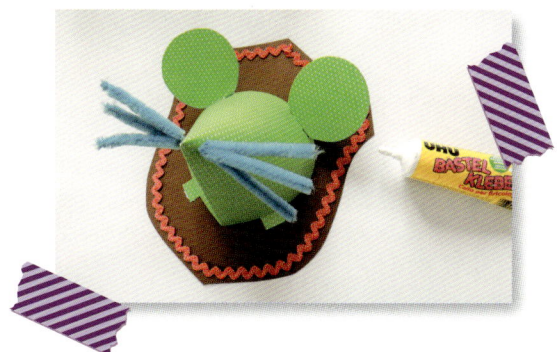

POST FÜR DICH!

edle Umschläge

Du brauchst

Designpapier in Grün, Dunkelrot und Dunkelblau gemustert, A3 | Tonpapier in Magenta, Hellgrün und Orange, A3 | 4 Tonpapierstreifen in Orange, 3 mm breit und 4 cm lang | Motivstanzer Blume, ø ca. 1,5 cm | Bleistift | Schere

VORLAGE SEITE: 112

 Übertrage die Vorlagen auf die jeweiligen Papiere und schneide alles aus.

 Für den Umschlag mit den Rundungen klebst du das kleinere gemusterte Papier auf das größere Papier in Magenta. Drehe das Ganze um und knicke die vier Halbkreise zur Mitte. Um den Umschlag zu verschließen, klappst du die Halbkreise nacheinander nach unten und schiebst den letzten Halbkreis zur Hälfte unter den vorletzten.

 Für den quadratischen Umschlag klebst du das kleinere gemusterte Papier auf das größere orangefarbene. Drehe deine Form um und knicke auch hier alle vier Balken nach innen auf das Quadrat. Klebe dann an jeden Balken am innen liegenden Rand einen dünnen orangefarbenen Papierstreifen. Nutze dafür am besten schmales doppelseitiges Klebeband. Zum Verschließen des Umschlags klappst du nacheinander alle Balken nach innen und schiebst dann den letzten unter den ersten. Bringe noch ein ausgestanztes Blümchen als Verzierung an.

 Der rechteckige Umschlag besteht aus einem großen gemusterten und einem kleinen hellgrünen Papier. Das einfarbige Papier bildet das Innenfutter. Klebe das grüne Papier auf die unbedruckte Seite des gemusterten Papiers. Falte alle Dreiecke an den markierten Linien nach innen und wieder zurück. Klappe die seitlichen Dreiecke nach innen und klebe darauf das untere fest.

 Jetzt musst du deine Umschläge nur noch mit kleinen Botschaften oder Überraschungen befüllen und verschenken!

SCHATZKARTE
aus handgeschöpftem Papier

Du brauchst

große Schüssel | Rolle Toilettenpapier | 2 Tassen schwarzer Kaffee | Kleister | Stabmixer | Schöpfsieb | Schöpfrahmen | Schöpfkelle | Tüll, 40 cm x 40 cm | Teigrolle | Schwamm | Eimer | 2 Handtücher | Kuchengitter | Filzstifte | Kreide

---

 Reiße das Toilettenpapier in kleine Fetzen und fülle sie zusammen mit zwei Tassen schwarzem Kaffee und etwas Kleister in eine Schüssel. Verrühre alles gut und lass das Papier 15 Minuten einweichen.

 Fülle die Pulpe mit einer Kelle in den Schöpfrahmen und lass die Masse abtropfen. Mit dem Schwamm presst du das überschüssige Wasser aus der Papiermasse.

 Mithilfe eines Stabmixers zerkleinerst du den Brei zu einer „Pulpe". Lege den Schöpfrahmen auf einen Eimer.

4 Löse die Masse mithilfe eines Messers ein wenig vom Rahmen ab. Lege den Tüll über den Schöpfrahmen. Dann drehst du das Ganze mit einem Schwung um und lässt es auf ein Handtuch gleiten. Klappe den Tüll über das nasse Papier.

Das zweite Handtuch legst du über dein Tüllpaket und rollst mit der Teigrolle solange darüber, bis sich das Papier ziemlich trocken anfühlt.

 Entferne Handtücher und Tüll und lass dein Papier auf einem Kuchengitter trocknen.

 Dann kannst du mit Filzstiften und Kreide deine Schatzkarte auf das Papier malen.

TIPP

Wenn du keinen Schöpfrahmen hast, kannst du aus einem alten Bilderrahmen selber einen basteln. Mithilfe von Reißzwecken befestigst du dazu ein Stück Tüll oder eine feine Gardine am Rahmen.

MAGISCHE EINHÖRNER

Klorollen-Fantasie

Du brauchst

2 Klopapierrollen | Acrylfarbe in Weiß und Pink | Tonpapierreste in Pink, Weiß und Elfenbein | Wollreste in Weiß und Pink | Strassherzen in Silber, ca. 1 cm x 1 cm | Hologrammfolienrest in Silber | Buntstifte in Grau, Pink und Rot | Filzstift in Schwarz | Lackmalstift in Weiß | Bleistift | Klebstoff

VORLAGE SEITE: 109

Knicke die Klopapierrollen so, dass sie flach auf der Unterlage liegen. Stelle dir Schablonen her, lege sie auf die Rollen und zeichne die Umrisse für die Beine und den Körper mit Bleistift nach. Dann schneidest du alles entlang der Linien aus.

 Knicke den Einhornhals etwas nach außen um. Male die Gesichter mit schwarzem Filzstift und rotem Buntstift auf. Die Lichtpunkte in den Augen malst du mit weißem Lackmalstift. Schneide danach aus der Hologrammfolie zwei Hörner zu.

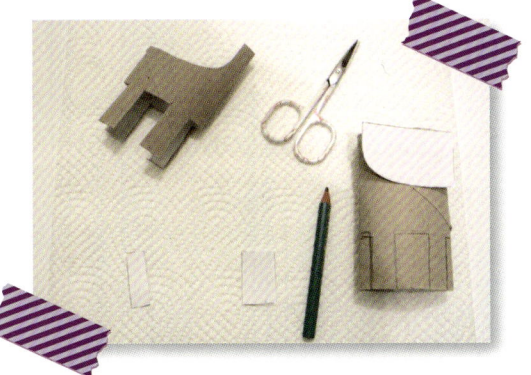

 Male die Einhornkörper mit weißer bzw. pinkfarbener Acrylfarbe an. Lass die Körper gut trocknen.

 Jetzt kannst du die Köpfe am Hals der Einhörner fixieren. Klebe die Hologrammfolie tütenförmig zusammen und bringe die Hörner mit Alleskleber an. Schneide fünf je 7 cm lange Wollfäden in Pink bzw. Weiß zu und klebe sie als Schweif an die Einhornpopos. Zum Schluss klebst du die Strassherzen auf die Bäuchlein. Einfach magisch, oder?

Schneide aus Tonpapier die Gesichter aus und ziehe die Ränder mit grauem bzw. pinkfarbenem Buntstift nach.

BLITZBLANK!

Kleine Waschanlage

Du brauchst

Schuhkarton, 30 cm x 18 cm x 10 cm | 2 Spülbürsten | 2 Wattekugeln, ø 3 cm | Servietten in Blau mit Kreisen | Fotokarton in Hellblau, A4 | Kopierpapier in Weiß | Motivstanzer Kreis, ø 2,5 cm und ø 1,5 cm | Serviettenkleber | Acrylfarbe in Weiß und Grau | Fineliner in Schwarz | Pinsel | Lineal | Schere | Klebstoff

VORLAGE SEITE: 119

- -

 Schneide aus dem Schuhkartonboden ein Rechteck aus (15 cm x 12 cm). Bohre zwei Löcher in eine lange Seitenwand. Aus dem Deckel schneidest du Rampe (11 cm x 30 cm) und Wolke zu.

 Klappe die Rampe an den kurzen Seiten ca. 5 cm nach innen und befestige die Enden mit Klebstoff oder Klebepads. Mit Lineal und Fineliner zeichnest du schwarze diagonale Linien auf, die sich kreuzen.

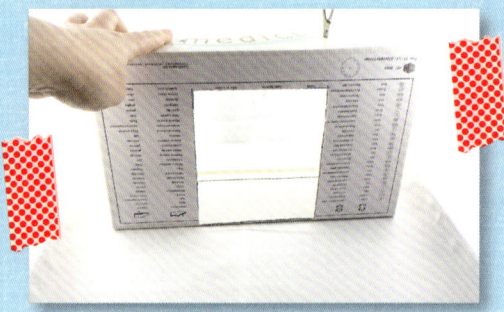

 Bemale Karton und Wolke mit weißer, die Rampe mit grauer Farbe. Trocknen lassen. Beschrifte die Wolke mit blauer Farbe.

 Kürze die Enden der Bürsten, schiebe sie durch die eingestochenen Löcher und stecke auf die Enden je eine Wattekugel auf.

 Beklebe den Karton mit der Serviette, indem du den Karton mit Klebstoff bestreichst, die oberste Serviettenschicht ablöst, auflegst und mit einem weichen Pinsel andrückst während du sie mit Kleister überstreichst.

6 Schneide zwei Rechtecke (je 10 cm x 20 cm) aus dem Fotokarton zurecht. Für die Klebeflächen knickst du die Rechtecke an einer Längsseite und den beiden schmalen Seiten je 1 cm um. Klebe die Rechtecke als Rückwände ein.

7 Für das lustige Seifenblasenmuster stanzt du aus dem Kopierpapier weiße Kreise aus und klebst sie auf deine Waschanlage. Nun musst du nur noch das Schild anbringen, die Rampe einsetzen und die Auto-Schaumparty kann beginnen.

DAS KROKODIL VOM NIL

easy Faltidee

Du brauchst

Tonkarton in Grün, A4 | Bleistift | Schere | 2 Wackelaugen, ø 1 cm | Klebstoff | Gelstift in Weiß, Strichstärke 0,8 mm

VORLAGE SEITE: 114

- -

 Falte den Tonkarton der Länge nach. Die schöne Seite liegt innen. Lege die Schablone für das Krokodil an der Faltkante an und umfahre die Schablone mit dem Bleistift. Fahre mit dem Bleistift auch in die Ausschnitte am Rücken des Krokodils.

 Schneide das Krokodil aus. Den Rücken an den schrägen Linien einschneiden.

 Öffne das Krokodil und klappe die eingeschnittenen Dreiecke am Rücken nach hinten um.

 Klebe die Wackelaugen auf und male mit dem Gelstift einen Mund auf.

HIMMEL & HÖLLE
Faltklassiker

Du brauchst

Faltpapier, schön gemustert, 20 cm x 20 cm | Falzbein | Stift

 Falte die rechte obere Ecke auf die linke untere Ecke. Falte nun die beiden Spitzen des entstandenen Dreiecks aufeinander. Streiche die Falzkanten mit dem Daumennagel oder einem Falzbein bei jedem Schritt schön glatt. Öffne die Faltung wieder.

 Falte nun alle vier Ecken zur Mitte hin, sodass sie sich in der Mitte berühren.

 Falte nun einmal den oberen Rand auf den unteren Rand, und klappe die Faltung anschließend wieder auf, und den rechten Rand auf den linken Rand. Die Faltung wieder aufklappen.

 Drehe die Faltung jetzt um und greife mit den Fingern in die vier entstandenen Klappen hinein. Dabei kannst du von unten die Papiermitte nach oben drücken, so öffnen sich die Klappen leichter. Fertig ist dein „Himmel und Hölle"-Spiel!

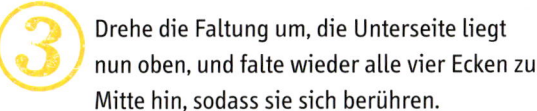 Drehe die Faltung um, die Unterseite liegt nun oben, und falte wieder alle vier Ecken zur Mitte hin, sodass sie sich berühren.

BASTELN MIT TEXTILIEN

HASENOHREN

flott genäht

Du brauchst

Haarreif | Figurendraht, ø 6 mm, 1,5 m lang | beidseitig haftendes Bügelvlies, 20 cm x 20 cm | Baumwollstoffreste, 20 cm x 20 cm | Nickistoff in Rosa und Pink, 40 cm x 40 cm | Nähmaschine | Backpapier

VORLAGE SEITE: 113

 **1** Mit diesen Löffeln wird jeder zum Osterhasen! Zunächst wird zurechtgeschnitten. Dazu legst du den Nickistoff doppelt und schneidest zwei Paar Hasenohren daraus aus. Aus dem Baumwollstoff schneidest du zwei Innen-ohren zurecht. Die Vorlagen hierzu findest du auf Seite 111.

 2 Die Nickiohren legst du links auf links, steckst sie mit Stecknadeln fest und nähst einmal im Steppstich (siehe Seite 12) rundherum. Profis verwenden die Nähmaschine.

 3 Nur die markierte Öffnung offen lassen. Das Bügelvlies legst du mit der rauen Seite auf die linke Stoffseite der Baumwoll-Innenohren und bügelst es ca. 3–4 Sekunden auf. Jetzt schneidest du die Bügelvliesreste rund ums Ohr weg, ziehst das Trägerpapier ab und legst es mit der beschichteten Seite nach unten auf das Nickiohr. Mit Backpapier abdecken und ca. acht Sekunden aufbügeln.

 4 Schneide zwei ca. 37 cm lange Stücke Figurendraht zurecht, knick sie in der Mitte und steck sie mit dem Knick nach vorne in deine Hasenohren. Sie sorgen für Stabilität. Jetzt kannst du die untere Seite der Hasenohren um den Haarreifen biegen und hinten mit Steppstichen festnähen. Fertig sind die Super-Lauscher.

HURRA, SOMMER!

erstes Knüpfen

Du brauchst

Schüssel, ø ca. 13 cm | Bleistift | Fotokarton in Gelb, A5 | Schere | Bürolocher | Jersey-Bändchengarn in Gelb | 2 Wackelaugen, ø 1,5 cm | Klebstoff | Bunt- oder Filzstifte

 Zeichne mithilfe der Schüssel einen Kreis auf den Fotokarton und schneide ihn aus.

 Stanze mit dem Bürolocher ringsum Löcher in den Rand.

 Schneide vom Bändchengarn ein 15 cm langes Stück ab, lege es doppelt, fädle es durch eines der Löcher und ziehe dann die losen Enden durch die Schlaufe.

 Knote so alle Sonnenstrahlen an. Dann kannst du das Gesicht der Sonne nach Belieben mit Wackelaugen, Buntstiften und Filzstiften gestalten.

TIPP

Recycling: Schneide die Streifen für die Sonnenstrahlen einfach aus einem alten T-Shirt oder einem gelben Jerseystoffrest zu. Sie sollten 2 cm breit und 15 cm lang sein.

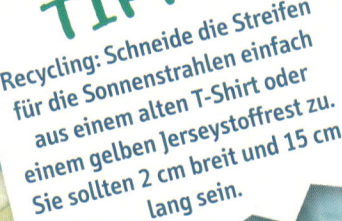

SO SWEET!
kunterbunte Kordellollis

Du brauchst

Wollreste in Weiß und Koralle oder Gelb | Schere | Bleistift | feste Pappe |
Klebstoff | halber Papp-Trinkhalm

 **1** Schneide von jeder Wolle ein 1 m langes Stück ab, lege es doppelt und verdrehe es zu einer Kordel. Anfänger? Wie das geht, kannst du auf Seite 13 nachlesen.

 2 Male mithilfe der Vorlage einen Kreis auf die Pappe und schneide ihn aus.

 **3** Bestreiche den Pappkreis mit Klebstoff und wickle die beiden Kordeln von innen nach außen auf der Pappe zu einer Schnecke auf.

 **4** Zum Schluss den Trinkhalm auf der Rückseite des Lollis aufkleben.

WITZIGES WEBMONSTER
lustiges Lesezeichen

Du brauchst

fester Karton, 20 cm x 30 cm | fester Kartonrest | Baumwollgarn zum Spannen | Wollreste in verschiedenen Farben | 2 Wackelaugen; 1x ø 2 cm und 1x ø 2,5 cm | Bastelfilzreste in Weiß und Schwarz

VORLAGE SEITE: 114

 Schneide das Schiffchen aus einem Kartonrest aus und umwickle es mit der Webwolle. Spanne neun Fäden auf einer Breite von 5 cm über die Länge des Kartons.

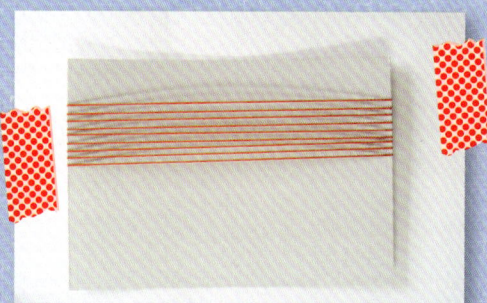

 Webe mit verschiedenen Farben. Für einen Farbwechsel verknotest du das Fadenende mit dem Anfang des neuen Fadens. Zwischendurch glättest du das Webstück immer wieder mit einem Kamm.

 Beginne deine Webarbeit mit 6 cm Abstand zur oberen Kante. Den Anfangsfaden knotest du an dem ersten Spannfaden fest.

 Wenn dein Gewebe eine Länge von 8 cm erreicht hast, verknotest du den Webfaden mit einem äußeren Spannfaden. Nimm das gewebte Stück ab. Schneide dafür die Spannfäden an der oberen und unteren Kante des Kartons ab. Verknote jeweils drei der oberen Spannfäden miteinander.

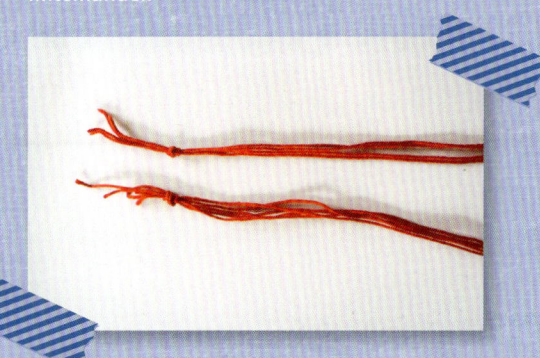

 Schneide sechs 15 cm lange Fäden von dem Spanngarn ab. Verknote jeweils drei Fäden miteinander.

 Stecke die Fadenstränge auf der Rückseite des Monsters an der unteren Kante fest. Flechte zwei gleich dicke Zöpfe aus den Spannfäden. Die Enden verknotest du. Zuletzt klebst du die Wackelaugen sowie Mund und Zahn aus Filz auf.

SOCKENFISCHE

fröhliche Gefährten

Du brauchst

Socke | Bastelfilzreste in Schwarz, Weiß und einer beliebigen Farbe | Füllwatte | Sticktwist

- -

 Die Socke umkrempeln, sodass die Innenseite zu sehen ist. Nähe die Ferse mit einigen Vorstichen zusammen (siehe Seite 12), damit du ein glattes Stück Strickschlauch erhältst.

 Kremple die Socke wieder um und schiebe etwas Füllwatte hinein. Dann bindest du einen Faden um das hintere Ende der Socke und verknotest ihn fest, um eine Flosse zu erhalten.

 Die Flosse mit Überwendlingsstichen zunähen, Anfänger verwenden den Steppstich.

Die Augen und Flossen aus dem Bastelfilz ausschneiden. Klebe das Auge vorne auf den Kopfbereich des Fisches.

5 Stecke die Flossen mit Stecknadeln auf den Fisch und nähe sie mit großen Vorstichen fest.

BOHO-STYLE
Taschen-Charm mit Pompon

TIPP

Wenn du keinen Perlen in deinen Lieblingsfarben hast, dann schau mal auf Seite 12. Da erklären wir, wie man Papier- und Holzkugeln passend bemalt.

Du brauchst

Wolle in verschiedenen Farben | 10 Holzperlen in verschiedenen Farben, ø ca. 10 mm | kleine Pompons, ø 10 mm | Karabiner, drehbar, mit Spaltring in Silber, 20 cm x 60 mm | Schmuckkordel, ø 0,8 mm | Sticknadel | Schere | Gabel

 Wickle die Wolle solange um die Gabel, bis ein kleines Knäuel entsteht. Dann einen ca. 30 cm langen Wollfaden durch die untere, mittlere Gabelzacke fädeln. Das andere Ende fädelst du durch die obere mittlere Gabelzacke.

 Jetzt fädelst du einen 60 cm langen Wollfaden durch eine dicke Sticknadel, legst ihn doppelt und verknotest ihn. 1 cm tiefer machst du wieder einen Knoten und fädelst dann Perlen, Pompon, Perlen, kleinen Pompon und dann den Bommel auf. Dann gehst du mit der Nadel den gleichen Weg zurück – wieder durch alle Perlen, Pompons usw., entfernst die Nadel und verknotest das Ende.

 Schiebe das Wollknäuel von der Gabel und ziehe dabei den Sicherungsfaden fest zu und verknote ihn. Mit der Schere den Woll-Wulst ober- und unterhalb des Sicherungsfadens so durchschneiden, dass ein Pompon entsteht. Überstehende, unregelmäßige Fäden abschneiden.

 Jetzt fehlt nur noch ein Karabiner, knote ihn an der Dekokette fest und schon ist dein bunter Anhänger-Charm fertig.

 Für die quaste schneidest du ca. 20 cm lange Wollfäden zurecht und legst sie über deinen Zeigefinger. Dann nimmst du einen Extrafaden (20 cm lang) und knotest ihn um die entstandene Schlaufe.

BLÜTENPRACHT

Flowerpowerfilz

Du brauchst

Haarspangen in Pink oder Rot | Ringschiene | Haargummi in Pink oder Orange |
Fimo®-Soft in Pink, Orange und Gelb | 2–3 alte Knöpfe | Filzreste in Hellgrün,
Orange, Gelb, Magenta, Pink und Rot | UHU Alleskleber | Filzstift | Schere | Messer

- -

1 Arbeite auf einem Backpapier: Forme aus Fimo® kleine Kugeln und drücke einen Knopf mit schönem Muster hinein, sodass eine platte Fläche mit einem kleinen Relief entsteht. Rund um den Knopf schneidest du das Fimo® mit einem Messer ab.

2 Jetzt wandern die Blümchen in den Backofen! Schiebe sie für 30 Minuten in den auf 110 Grad vorgeheizten Backofen. Vorsicht heiß!

3 Zeichne dir nun Blumenumrisse und kleine Blätter auf die Filzreste und schneide sie aus. Vielleicht magst du noch Blätter dazu ausschneiden?

4 Staple die Blümchen übereinander, obenauf kommt die Fimo®-Blume. Dann klebst du den kleinen Stapel Schicht für Schicht aufeinander und lässt alles gut trocknen.

5 Du kannst die Blumen auf Haarspangen, Ringschienen oder an Haargummis kleben. Klebe zur Verstärkung einen kleinen Filzstreifen von hinten dagegen.

TIPP

Bringe von der Blütenpracht deiner besten Freundin etwas mit! So könnt ihr im Partnerlook für Aufmerksamkeit sorgen. – Auch an einem Haarreif oder als Brosche sehen die Filzblüten großartig aus. Stelle eine ganze Kollektion her!

BLUMENGRÜßE
Pomponblumen

TIPP

Ob zum Geburtstag oder zum Muttertag, über so einen tollen Blumenstrauß freut sich Mama, Tante und Oma!

Du brauchst

Wollereste in verschiedenen Farben | Äste, ca. 25 cm-40 cm lang | Stoffschere | Pappe | Klebstoff
VORLAGE SEITE: 114

1 Für die Pomponblumen brauchst du erst einmal Pompons. Schneide dir dazu mithilfe der Vorlage zwei Ringe aus Pappe zu und schneide sie an der Seite ein.

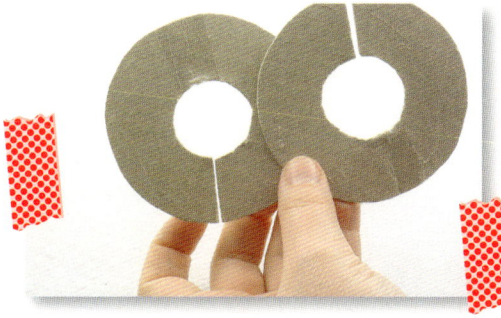

4 Fädle nun einen ca. 15 cm langen Wollfaden zwischen die Ringe, verknote die Enden und ziehe alles gut fest.

2 Lege die beiden Scheiben aufeinander und wickle wie auf dem Foto zu sehen die Wolle nach und nach engmaschig um die Ringe.

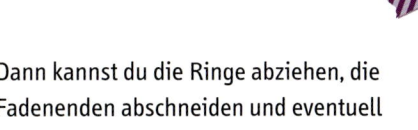

5 Dann kannst du die Ringe abziehen, die Fadenenden abschneiden und eventuell überstehende Stränge kürzen.

3 Ist das geschafft, hältst du das Ende des Wollfadens mit dem Daumen fest, stichst mit der Stoffschere von außen zwischen die beiden Ringe ein und schneidest ringsherum den Rand auf.

6 Stecke den Pompon auf eine Astspitze. Der Pompon hält am besten in der Mitte, da, wo der Wollfaden die einzelnen Stränge zusammenhält. Du kannst auch noch einen Tropfen Klebstoff auf die Spitze träufeln. Falls sich dabei ein paar Wollstränge verschieben, ist das nicht schlimm. Einfach mit der Schere kürzen und der Pompon ist wieder schön rund.

STIFTEBECHER DELUXE

Luftmaschen häkeln

Du brauchst

Frosch

leere Dose mit Deckel, ø 8 cm, 8 cm hoch | Wolle | Filzreste in Grün, Weiß und Schwarz | Filzstift in Rot | Bastelkleber | Häkelnadel

Küken

leere Dose mit Deckel, ø 6 cm, 8 cm hoch | Wolle | Filzreste in Schwarz, Weiß, Rot und Orange | Bastelkleber | Häkelnadel

VORLAGE SEITE: 115

- -

 Häkle eine lange Luftmaschenschnur. Wie lang sie sein muss, hängt von der Dicke deiner Wolle ab. Probiere zwischendurch aus, ob sie lang genug ist, um die Dose damit vollständig zu umwickeln. Luftmaschen gehen so: Knote eine regulierbare Schlinge und schiebe die Häkelnadel hindurch.

 Führe die Häkelnadel unter dem Faden hindurch.

 Ziehe den Faden mit der Häkelnadel durch die Schlinge zurück. Die erste Luftmasche ist fertig.

 Halte die Nadel in der rechten Hand und wickle den Faden zweimal um den Zeigefinger der linken. Halte den Anfangsfaden mit Daumen und Mittelfinger der linken Hand.

 Mache ganz viele Luftmaschen. Zum Beenden der Häkelarbeit schneidest du den Faden ab und ziehst ihn durch die letzte Schlinge.

Dann bestreichst du die Dose rundherum mit Bastelkleber. Wickle die Häkelschnur um die Dose, bis diese vollständig bedeckt ist.

 Schneide die Filzteile nach der Vorlage aus und klebe die Augen auf den Kopf. Den Mund mit einem Filzstift aufmalen und aufkleben.

TIPP

Luftmaschen kann man notfalls auch mit den Fingern häkeln! Wenn das partout nicht klappen will, dann kannst du aber auch aus drei Fäden eine lange Schnur flechten.

BASTELN MIT RECYCLING-MATERIAL

DER COUNTDOWN LÄUFT...!

Flaschenrakete

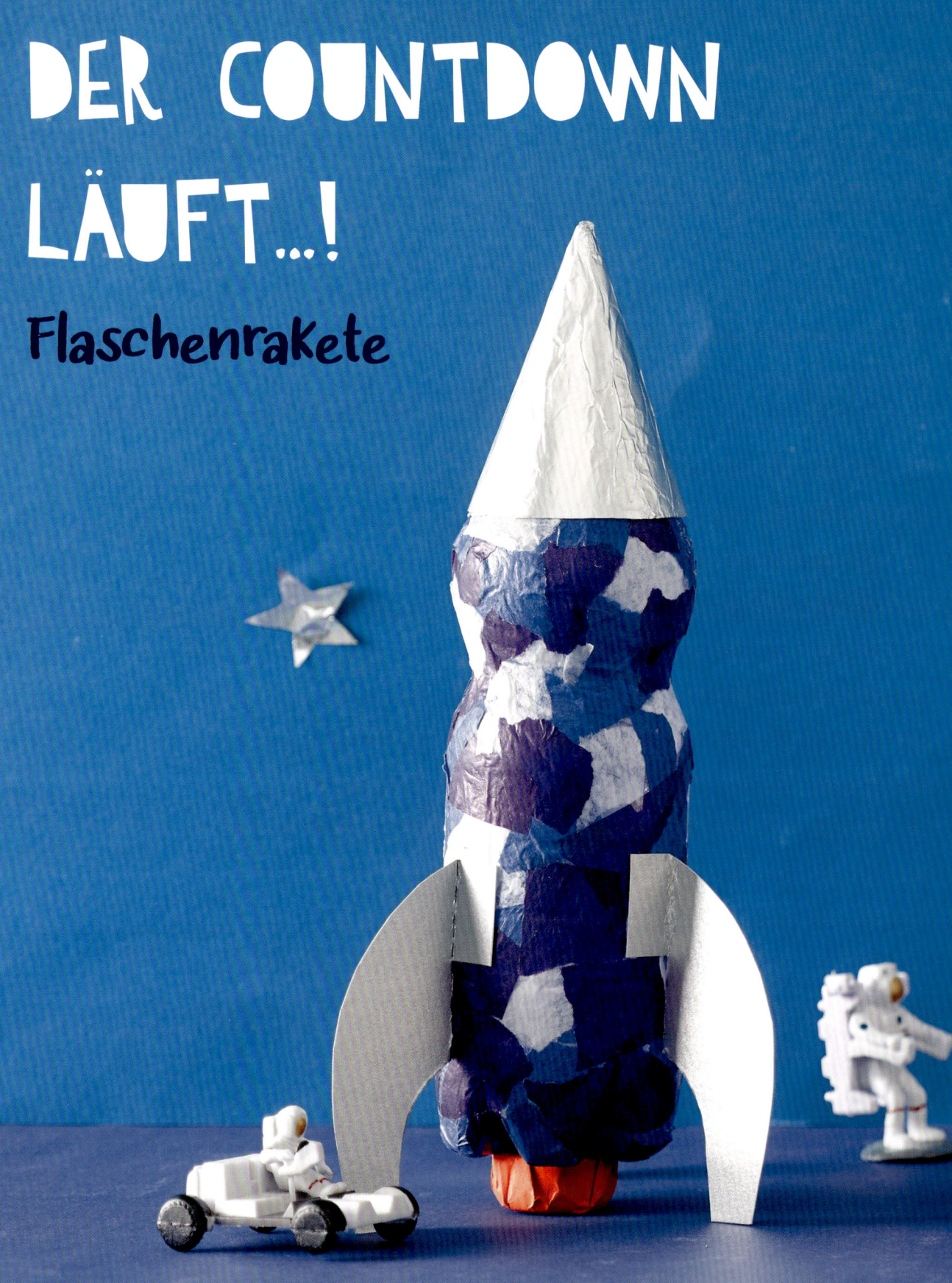

Du brauchst

PET-Flasche, 0,5 Liter, gewaschen und ohne Etikett | Pinsel | Kleister | Transparentpapier in Blau, Lila und Weiß, A4 | Klebstoff | Papierrest in Rot | Pappbecher in Trichterform, ø 7 cm | Schere | Alufolie | Tonkarton in Silber, A4 | Bleistift

VORLAGE SEITE: 112

- -

 Die Flasche mithilfe des Pinsels gut mit Kleister bestreichen und mit Transparentpapierschnipseln bekleben. Trocknen lassen.

 Den Flaschendeckel mit etwas Klebstoff bestreichen, in das rote Papier einschlagen und unten an die Rakete kleben.

 Am Pappbecher einen 2 cm breiten Streifen am Rand abschneiden, damit er etwas kleiner wird. Den Becher mit etwas Klebstoff bestreichen, in die Alufolie einschlagen und oben auf die Rakete kleben.

 Drei Standfüße mithilfe der Vorlage auf dem Tonkarton anzeichnen und ausschneiden. Die Standfüße an den gestrichelten Linien einmal nach rechts und einmal links knicken und an die Rakete kleben.

HOCH HINAUS

Klappernde Dosenstelzen

Du brauchst

2 Konservendosen, ø 10 cm | 2 Textilbänder in Türkis, 1,5 cm breit, 1,50 m lang | Baumwollgarn in Türkis, 1 m lang | 40 Holzperlen in Weiß, Gelb, Grün, Rosa, Lila, Rot, Natur, Blau und Schwarz, ø 8 mm | 10 Muscheln mit Loch | Acryllack in Weiß und Türkis | breiter Borstenpinsel | Sticknadel | Hammer und Nagel

---

1 Stelle die Dosen mit der Öffnung nach unten vor dich hin. Schlage mit Hammer und Nagel rundherum fünf Löcher in das obere Drittel jeder Dose und zwei gegenüberliegende Löcher knapp unter dem oberen Dosenrand. Je größer die Löcher sind, desto leichter kommst du später mit der Sticknadel hindurch. Weite sie etwas, indem du mit dem Nagel im Loch wackelst.

2 Grundiere die Dosen zunächst mit weißem Acryllack. Trocknen lassen.

3 Überstreiche deine Dosen dick mit Acryllack in Türkis.

4 Fädle das Baumwollgarn auf die Sticknadel und mache einen Knoten an das Fadenende.

5 Beginne im Doseninneren, sodass der Knoten innen versteckt ist. Stich mit der Nadel in eines der fünf Löcher im oberen Drittel der Dose ein und ziehe die Nadel nach außen durch. Fädle zwei Holzperlen und eine Muschel auf, knote die Muschel fest und fädle erneut zwei Holzperlen auf. Stich mit der Nadel wieder in das nächste Loch ein.

7 Stecke die Enden eines Textilbands von außen durch die zwei gegenüberliegenden Löcher in der Dose und mache an jedes Ende einen dicken Knoten im Doseninneren.

8 So, und jetzt musst du nur noch aufsteigen, und schon kannst du losstelzen. Wie das klappert!

TIPP

Die optimale Länge der Textilbänder hängt von deiner Körpergröße ab. Lass dich am besten einmal von einem Freund oder einer Freundin messen. Stelle dich dafür gerade hin und lass die Arme baumeln. Der Abstand von deinen Füßen bis zu deiner Hüfte mal zwei, ist die optimale Länge für ein Stelzenband.

6 Wiederhole diesen Vorgang, und fädle so nach und nach alle Perlen und Muscheln auf. Stich abschließend wieder durch ein Loch in die Dose ein und mache einen Knoten im Doseninneren.

KRIMSKRAMSKORB

schnell gewebt

Du brauchst

Designpapier in Grün, Dunkelrot und Dunkelblau gemustert, A3 | Tonpapier in Magenta, Hellgrün und Orange, A3 | 4 Tonpapierstreifen in Orange, 3 mm breit und 4 cm lang | Motivstanzer Blume, ø ca. 1,5 cm | Bleistift | Schere

---

 Stelle das Körbchen auf den Filz und umfahre es mit einem Filzstift, um die Form für die Bodenplatte zu erhalten. Dann schneidest du die Platte aus.

 Webe einen Streifen rundherum in das Körbchen, indem du ihn abwechselnd über und unter einer Strebe hindurchschiebst.

 Miss die Höhe eines Rechteckes im Körbchen-Muster aus. Zeichne drei Streifen in der ausgemessenen Höhe auf den Stoff. Dann schneidest du die Stoffstreifen aus.

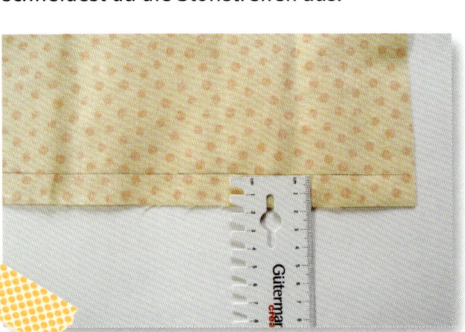

 Hast du das Körbchen einmal umwebt, klebst du die überlappenden Streifenenden aufeinander fest.

Wiederhole den Vorgang mit den anderen beiden Streifen.

 Zuletzt legst du die Bodenplatte in das Körbchen.

TIPP

Die Physalis-Körbchen kann man im Supermarkt in der Obst- und Gemüseabteilung kaufen. Wenn du keine Stoffreste hast, kannst du auch mit Geschenkbändern weben.

PFLANZENBRAUSE

easy Gießkanne

Du brauchst

leere Waschmittel-Plastikflasche in Weiß, 1,5 l | Masking Tape, verschiedene Muster | transparentes Paketklebeband | Prickelnadel | Kastanienbohrer

1 Zuerst säuberst du die Plastikflasche innen und außen. Spül sie gründlich aus, damit keine Waschmittelrückstände mehr darin sind. Das Etikett der Flasche kannst du beim Spülen einweichen und entfernen.

2 In den Deckel der Flasche stichst du mithilfe einer Prickelnadel Löcher. Für große Löcher verwendest du den Kastanienbohrer.

3 Schnapp dir ein paar Rollen buntes Masking Tape und kleb je einen Streifen einmal um den Bauch der Flasche herum. Über die Masking Tape Streifen klebst du einen breiten Streifen durchsichtiges Paketklebeband. Jetzt kann die Flasche rundherum nass werden, ohne dass die Verzierung darunter leidet.

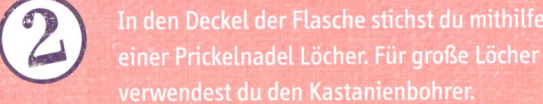

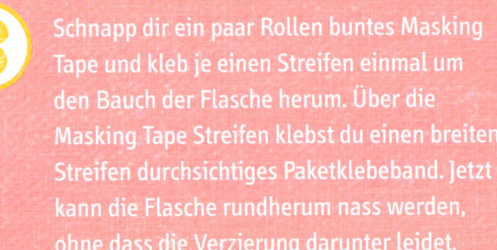

4 Füll Wasser in deine Gießkanne und schraub den löchrigen Plastikdeckel wieder drauf. Jetzt kannst du losziehen und deine Pflanzen wässern.

NASCHMONSTER

cooler Eierkarton

Du brauchst

6er-Eierkarton mit achteckigen Schälchen | Acrylfarbe in Hellgrün, Blau,
Flieder, Pink, Weiß, Schwarz und Gelb | Chenilledraht in Blau und Orange,
ø 0,7 cm, je 30 cm lang | 4 Wattekugeln, ø 1,5 cm | wasserfester Stift in Schwarz

---

1 Schneide vier Schälchen, 2 cm hoch, aus der
unteren Seite des Eierkartons aus. Zwei der
Schälchen schneidest du so zurecht, dass je
vier kleine Monsterzähne entstehen.

3 Male die Wattekugeln für die Augen in Gelb
bzw. Hellgrün an. Lass die Farbe trocknen.
Dann malst du mit der schwarzen Farbe oder
einem schwarzen Stift die Pupillen auf und
setzt weiße Lichtpunkte in die Augen.

2 Male die Innenseiten aller Schälchen schwarz
an, die Zähne lässt du dabei aus, die malst
du innen und außen weiß an. Lass die Farbe
trocknen und male die Außenseiten
bunt an. Trocknen lassen. Klebe die
Monsterteile an der Rückseite so
zusammen, dass der Mund der
Monster offen bleibt. Mit der
Fingerspitze kannst du noch
Punkte auftupfen.

4 Halbiere den blauen bzw. orangefarbenen
Chenilledraht. Dann wickelst du den Chenilledraht um einen Schaschlikstab und ziehst ihn
wieder ab. Klebe die Augen oben auf den Kopf
und die Chenilledraht-Spiralen dahinter.

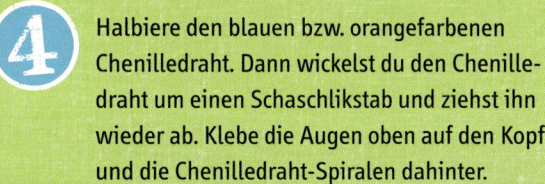

ZAHNPUTZ-UHR

mit gestrandeten Piraten

Du brauchst

2 Schraubgläser mit Metalldeckel | Konstruktionskleber | Kastanien- oder Handbohrer | Isolierklebeband | Masking Tape | 2 Holzfiguren (alternativ 2 Playmobil-Piratenköpfe) | Sekundenkleber | Vogelsand | feines Sieb | Pinzette

3 Den Vogelsand durchsieben und von Steinchen befreien. Den Sand jetzt in eines der Gläser füllen und die beiden Gläser zusammenschrauben.

4 Mit der Uhr stoppen wie lange ein Durchlauf dauert. Solange Sand dazu nehmen oder wegnehmen, bis die Zeit stimmt. Ideal ist ein 2–3 Minuten Durchlauf! Mit dem Masking Tape noch das Isolierband verschönern und schon kann das Zähneputzen losgehen.

1 Die Schraubgläser sollten sauber und trocken sein. Zeichne in beide Deckel die Mitte ein und bohre ein Loch mit einem 3 mm-Bohrer. Die zwei Deckel mit dem Konstruktionskleber aufeinander kleben, sodass die Löcher genau übereinander liegen. Nun noch mit dem Isolierband fixieren.

2 Danach je eine Holzfigur mithilfe der Pinzette und dem Sekundenkleber auf den Boden der Gläser aufkleben.

WASSERRAD
aus Platiklöffeln

Du brauchst

Schwimmnudelrest in Rot | scharfes Messer | 6 Kunststoff-Teelöffel | Rundholzstab, ø 4 mm, 15 cm lang | Acrylfarbe in Hellblau | Strohhalm in Rot mit weißen Streifen, ø 6 mm | 2 Holzperlen in Orange, ø 1,5 cm, mit einem Loch mit ø 4 mm | UHU Alleskleber

1 Bemale den Rundholzstab mit der blauen Farbe und lass ihn gut trocknen.

2 Kürze die Löffel auf eine Länge von etwa 7 cm, indem du die unteren Enden mit einer Schere abschneidest.

3 Mit einem scharfen Messer ein 3 cm breites Stück von der Schwimmnudel abschneiden. Dabei lässt du dir am besten von einem Erwachsenen helfen.

4 Nun mit einer spitzen Schere rund um die Schwimmnudel sechs Einkerbungen in die Außenseite schneiden. Gib etwas Kleber in jeden Schlitz und schiebe die Löffelstiele hinein.

5 Schneide den Strohhalm auf eine Länge von 6 cm ab und schiebe ihn mittig durch die Schwimmnudel hindurch. Jetzt den Rundholzstab durch den Strohhalm stecken. An die beiden Enden gibst du etwas Kleber und schiebst die Perlen darauf.

TIPP

Testlauf: Du kannst vor dem Einsatz im Wasser erst einmal gegen das Rad pusten, um zu testen wie gut es läuft. Stoppuhr: Wie lange kannst du denn pusten? Wenn du keinen Bach in der Nähe hast, kannst du das Wasserrad auch mit dem Wasserhahn betreiben.

SHOPPINGQUEEN

Kochlöffelladies

Du brauchst

3 Kochlöffel | Acrylfarbe in Zartrosa | Filzstifte in Hellblau, Weiß, Rot und Pink | Stoffreste,
je ca. 20 cm x 25 cm | Tüllreste | Pomponborte | Rüschenband | Wollreste in Orange, Apricot
und Gelb | 3 Chenilledrähte in Gelb, je 50 cm lang | Bastelkleber
VORLAGE SEITE: 116

---

1 Male die Kochlöffel rosa an. Der Stiel braucht
keine Farbe. Lass die Farbe trocknen und
zeichne mit Filzstiften das Gesicht auf.

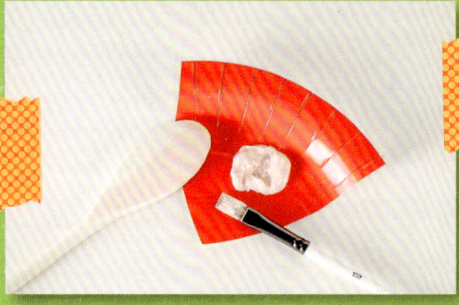

3 Für die Haare wickelst du Wolle entweder um
deine Hand oder um ein Buch (je nachdem,
wie lang die Haare der Löffeldame werden
sollen). Ziehe das Knäuel ab und verknote
es in der Mitte mit einem Wollfaden. Dann
kannst du die Schlaufen rechts und links auf-
schneiden und hast eine schicke Frisur. Klebe
sie mit Bastelkleber an den Kopf.

2 Für die Arme wickelst du den Chenilledraht
um den Hals deiner Dame und verknotest ihn.
Evtl. musst du die Arme etwas kürzen.

4 Übertrage die Vorlage für das Kleid auf den
Stoff und schneide es aus. Mit Rüschenband
oder Pomponborte kannst du den unteren
Rand des Kleides noch verschönern.

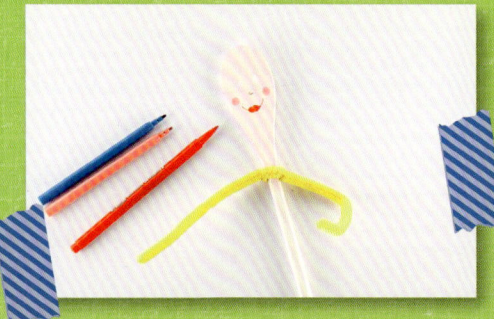

Dann klebst du das Kleid oberhalb des Chenilldedrahts um den Hals der Löffeldame. Klebe die Rückseite des Kleides zu.

 Zuletzt kannst du deine Damen noch nach Beliebem stylen. Klebe ihnen z.B. eine Schleife ins Haar und einen Schal oder eine Kette um den Hals.

BASTELN MIT NATURMATERIAL

KLEINE KRABBE

niedliche Muschelkerle

Du brauchst

2–3 Muscheln (pro Krabbe eine) | Acrylfarbe in Blau | Chenilledraht in Blau, je 12 cm lang | Filzstift in Schwarz | UHU Alleskleber | Locher-Konfetti

 Zuerst malst du die Muscheln in deinen Wunschfarben an. Lass die Farbe gut trocknen.

 Nun knickst du die Enden des Chenilledrahts jeweils 2x 1 cm um.

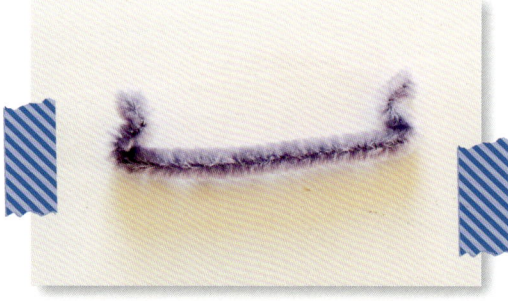

 Drücke die umgeknickten Enden jetzt fest an den Chenilledraht heran, sodass an jedem Ende ein kleines „V" entsteht

 Biege den Chenilledraht in der Mitte etwas, dann zeigen beide Arme in eine Richtung.

 Jetzt nimmst du zwei kleine weiße Papierkreise für die Augenkreise aus einem Locher. Mit einem schwarzen Filzstift malst du Pupillen auf.

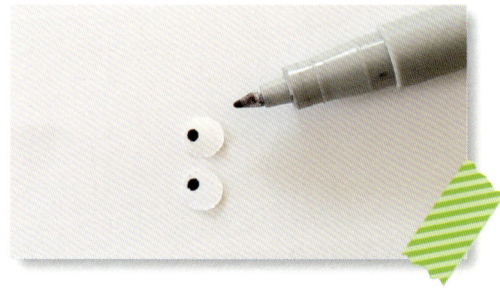

 Klebe die Augen auf die Muschel. Die Arme aus dem Chenilledraht klebst du unter die Muschel.

SÜßE LIBELLEN

aus Ahornpropellern

Du brauchst

Stöckchen, ca. 7–8 cm lang | 4 einzelne Ahornpropeller | Acrylfarbe in Hellgrün, Hellblau, Magenta und Rosa | Filzstift in Schwarz | Locher-Konfetti in Weiß | UHU Alleskleber

 Suche in der Natur zwei doppelte oder vier einzelne Ahornpropeller und ein kleines Stöckchen.

 Schneide die Samenkapseln von den Flügeln ab. Klebe die Flügel wie abgebildet auf. Zwei Samenkapseln klebst du als Kopfteile an das vordere Ende des Stöckchens.

 Male die Propellerflügel und das Stöckchen an. Die Farbe lässt du gut trocknen.

 Nimm zwei kleine weiße Locher-Papierkreise für die Augen. Male mit dem schwarzen Buntstift Pupillen auf. Zuletzt klebst du die Augen auf die beiden Samenkapseln.

SAMENBOMBEN

Mach die Welt bunter!

Du brauchst

Designpapier in Grün, Dunkelrot und Dunkelblau gemustert, A3 | Tonpapier in Magenta, Hellgrün und Orange, A3 | 4 Tonpapierstreifen in Orange, 3 mm breit und 4 cm lang | Motivstanzer Blume, ø ca. 1,5 cm | Bleistift | Schere

 Mixe die Samenbomben am besten im Freien. Nimm eine ausreichend große Schüssel und schütte fünf Becher Blumenerde und einen Becher Blumensamen hinein. Welchen Samen du nimmst, bleibt dir überlassen. Im Gartencenter sind auch bereits fertige Samenmischungen erhältlich.

 Verrühre alles miteinander und gib noch fünf Becher Tonpulver hinzu. Durch das Tonpulver lassen sich die Samenbomben später gut formen, werden schön fest und bleiben in Form.

 Füge gerade so viel Wasser hinzu, dass eine gebundene Masse entsteht und verknete alles miteinander zu einem „Teig", eventuell musst du mit der Wassermenge ein wenig experimentieren.

 Aus der Masse formst du jetzt walnussgroße Kugeln.

Lass sie ein bis zwei Tage lang trocknen. Dann kannst du sie in Seidenpapier oder Servietten einschlagen, ein Schleifchen darum wickeln und verschenken. Oder du wirfst die Bomben auf Grünflachen, denen ein paar bunte Blumen gut stehen würden. Hihihi!

ANGEKETTET!

schmuckes Holz

Du brauchst

4 Holzperlen, ø 10 mm | 4 Holzperlen, ø 15 mm | Holzscheiben, ca. 4 cm x 3 cm | 2 Holzperlen, ø 20 mm | Acrylfarbe in Hellblau, Rosa, Pink, Gelb und Weiß | Pinsel | Ringschrauben, 8 cm x 3 cm | Schmuckkordel in Neonpink, ø 0,8 mm, je 80cm lang | Kastanienbohrer, klein | Schaschlikspieße

 Zunächst steckst du die Holzperlen auf Schaschlikspieße auf und malst sie mit Acrylfarbe an. Gut trocknen lassen.

 Schneide ein 80 cm langes Stück Schnur zurecht und fädle Holzperlen und Holzscheibe der Reihe nach auf, sodass die kleinste Perle jeweils die Scheibe flankiert.

 Bemale die Holzscheibe mit Acrylfarbe mit einem Motiv deiner Wahl. Trocknen lassen!

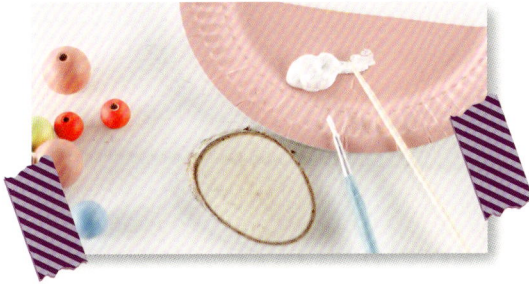

 Jetzt bohrst du mit einem kleinen Kastanienbohrer mittig ein Loch in die Oberseite der Holzscheibe und drehst dort eine Ringschraube hinein.

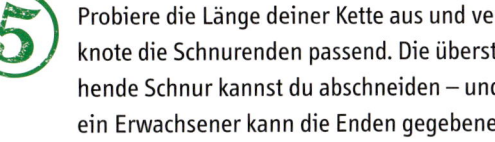 Probiere die Länge deiner Kette aus und verknote die Schnurenden passend. Die überstehende Schnur kannst du abschneiden — und ein Erwachsener kann die Enden gegebenenfalls mit einem Feuerzeug veröden.

WALDJUWELEN
edler Waldläuferschmuck

Du brauchst

11 Holzperlen in Rot und Braun, ø 1,5 cm | 36 Holzperlen gemischt, z.B. in Natur, Weiß, Gelb, Lila, Hellblau, Dunkelblau, Pink, Rosa, | Dunkelrot, Orange und Grau, ø 1 cm | 48 Hagebutten | extrastarkes Nähgarn in Weiß, 70 cm lang | Nadel

 1 Hagebutten sind (Hecken-)Rosenfrüchte. Erntezeit ist im Herbst, wenn die Rosen verblüht sind. Sammle 48-50 Hagebutten.

 2 Wenn du nur naturfarbene Holzperlen hast, kannst du diese noch mit Acrylfarben bemalen. Gut trocknen lassen!

 **3** Fädle das Garn auf die Nadel und mache einen Knoten in das Fadenende.

 **4** Reihe nun abwechselnd Holperlen und Hagebutten auf das Garn. Die Hagebutten durchstichst du am stabilen Stielansatz.

 5 Verknote beide Fadenenden miteinander, sobald alle Hagebutten und Perlen aufgefädelt sind. Edel!

TIPP

Hecken- und Hundsrosen haben ganz andere Früchte als die gezüchteten Gartenrosen. Du findest sicherlich ganz verschiedenen Formen und Größen! In jedem Dialektgebiet in Deutschland heißen die Hagebutten übrigens anders: Hetschepetsch, Hiefe, Hetscherl, Rosenäpfel oder Hägen. Übrigens: Aus den Samen der Hagebutte lässt sich Juckpulver gewinnen!

DINO-EIER

Direkt aus der Eiszeit!

Du brauchst

Luftballon, aufgepustet ø 25 cm | Hartgummi-Dinosaurier, ca. 4 cm hoch, 8 cm lang | Lebensmittelfarbe in Grün, Gelb oder Blau | Glitzer | kleiner Hammer und Meißel | Taucherbrille

4 Lege den Ballon über Nacht in das Eisfach. Am nächsten Tag den Knoten des Ballons mit einer Schere abschneiden und das Gummi von der Eis-Kugel abziehen.

5 Schutzbrille auf und das Dino-Ei mit Hammer und Meißel knacken. Das ist vor allem an Kindergeburtstagen ein großer Spaß!

1 Ziehe die Öffnung des Luftballons auf und schiebe einen Hartgummi-Dinosaurier hinein.

2 Gib etwas Lebensmittelfarbe, und wenn du möchtest, noch Glitzer mit in den Ballon.

3 Den Luftballon mit Wasser füllen und das Ende zuknoten. Schüttle den Ballon gut durch, damit sich die Lebensmittelfarbe und der Glitzer schön verteilen.

HERBSTADEL
bunte Blätterkrone

Du brauchst

ca. 10 Ahornblätter in intensiven Herbstfarben | Fotokarton in Gelb, 6 cm x 60 cm | Bürohefter | Kinderschere

 Du sammelst etwa zehn Ahornblätter in leuchtenden Herbstfarben, schneidest mit einer Kinderschere die Stiele der Blätter ab und sortierst sie der Größe nach. Wenn du keine Schere hast (oder noch keine benutzen kannst), geht das auch mit den Fingernägeln.

 Falls du erst am Folgetag weiterbasteln möchtest, legst du die Blätter über Nacht zwischen die Seiten eines dicken Buchs. Dann sind die Blätter am nächsten Tag ganz glatt.

 Den Papierstreifen bereitlegen. Dann beginnst du damit, die Blätter der Größe nach auf den Streifen zu legen. Das größte Blatt kommt in die Mitte der Krone (Blattzacken zeigen nach oben). Die restlichen Blätter werden immer kleiner werden links und rechts auf den Streifen gelegt.

 Hefte die Blätter an. Dann wird der Pappstreifen umgeschlagen, sodass die Heftklammern nicht am Kopf reiben. Messe deinen Kopfumfang ab, übertragen ihn auf den Streifen und schließe das Band mit dem Hefter.

VOGELLECKEREI

schmuckes Futter

Du brauchst

Ausstecher mit Wintermotiv, z. B. Schneemann, Eisstern, Lebkuchenmännchen oder Elch |
500 g Kokosfett | 2 Esslöffel Speiseöl | Kochlöffel | Teelöffel | 500 g Körner-Früchte-Mischung
oder Vogelfutter | je Ausstecher Ripsband in Rosa, Violett, Hellgrün oder Hellblau,
1 cm breit, 25 cm lang

 Fett und Öl in einem Topf erwärmen. Gib die
Körner-Früchte-Mischung zu, verrühre die
Masse und lasse alles kurz aufkochen.

 An jede Ausstechform ein Band knoten, damit
der Anhänger später daran an einem Baum
aufgehängt werden kann.

 Die Masse kannst du mit einem kleinen
Teelöffel und den Fingern in die Formen
füllen und glatt streichen. Die Körner-Früchte-Mischung kann verwendet werden, wenn
das Fett halb durchgehärtet ist, sie also gut
formbar, aber nicht mehr flüssig ist.

 Die dekorative Vogelleckerei muss nun noch
vollständig erkalten, dann kannst du die Anhänger an einem Zweig im Garten festbinden.

TIPP

Für die Körner-Früchte-Mischung eignen
sich auch selbst gesammelte und ge-
trocknete bzw. eingefrorene Sämereien,
Nüsse und Früchte oder, wenn du spontan
basteln möchtest, ein Müslirest.

STADTFUCHS
freches Moosgraffiti

Du brauchst

Schüssel | Pürierstab | Handvoll Moos | 2 Tassen Buttermilch | ½ Teelöffel Zucker | Glas mit Verschluss | Sprühflasche mit Wasser | Pinsel | Karton, A3 | Kreppklebeband | Schere

VORLAGE SEITE: 117

 Gib das Moos, die Buttermilch und den Zucker in eine Schüssel. Mixe die Zutaten mit dem Pürierstab, bis eine dickflüssige Masse entsteht.

 Fülle die Moosmilch in ein Glas mit Verschluss, das macht den Transport unkomplizierter.

3 Du kannst dir eine eigene Form für dein Moosgraffiti ausdenken, oder du stellst eine Schablone von der Vorlage auf Seite 117 her. Übertrage dafür den Fuchs auf ein Stück Karton und schneide die Form aus dem Kartonrest heraus. Du erhältst eine Negativkontur, die sich mit Klebeband überall anbringen lässt.

Begib dich auf die Suche nach einem geeigneten Platz für dein Moosgraffiti und klebe dort deine Schablone mit Kreppklebeband fest. Der Ort sollte im Freien, feucht, aber nicht komplett dunkel sein. Prima ist eine alte Steinmauer im Hinterhof oder ein Kellereingang.

 Streiche die Moosmilch mehrmals mit einem Pinsel auf die gewünschte Stelle und nimm dann den Karton ab. Kontrolliere die Stelle von nun an: Sie sollte stets feucht sein, besprühe sie eventuell von Zeit zu Zeit mit Wasser. Schon bald sollte das Moosbild wachsen und nach und nach sichtbar werden.

TIPP

Ist das denn legal? Du solltest unbedingt darauf achten, dass du dein Graffiti an einer erlaubten Stelle platzierst. Vielleicht habt ihr ja eine eigene alte Ziegelmauer in Hof? Sofern du dir eine Stelle außerhalb eures eigenen Grunds aussuchst, musst du den jeweiligen Eigentümer fragen, ob du dein Moosgraffiti anbringen darfst.

HERBSTLICHT
bestickte Kürbisleuchte

Du brauchst

großer Kürbis, 40 cm hoch | Obstmesser | Löffel | Nagel | Hammer | Sticknadel | Baumwollgarn in Pink, Gelb und Türkis | Teelicht und Stabfeuerzeug

VORLAGE SEITE: 118

 Markiere die gewünschten Schnittstellen an deinem Kürbis mit der Spitze des Obstmessers.

 Schneide zunächst den Kürbisdeckel ab.

 Höhle den Kürbis mit dem Löffel aus.

 Ritze nun rund um den Kürbis herum, 9 cm breite und 20 cm lange Dreiecke ein. Die Dreiecke sollten 5 cm Abstand voneinander haben und im Wechsel mit der Spitze nach oben und nach unten zeigen. Eine Vorlagenzeichnung für das Dreieck findest du auf Seite 116. Schneide das Dreieck mit dem Obstmesser in die Kürbisschale ein.

 Schnitze anschließend innerhalb des Dreiecks die Schale ab und höhle die Dreiecke soweit aus, dass nur noch eine dünne Kürbisfleischschicht die Dreiecke verschließt.

 Stich mit Hammer und Nagel jeweils 3 cm oberhalb und unterhalb der Dreiecksspitzen zwei Löcher durch das Kürbisfleisch. Vergrößere die Löcher mit dem Obstmesser.

 Umstiche die Dreiecke mit drei Garnfarben. Benutze die vorgestochenen Löcher als „Nähweg".

 Nun warte bis es dunkel wird und stelle dann ein Teelicht in den Kürbis. Mit dem Stabfeuerzeug kannst du es entzünden. Verschließe deinen Superkürbis mit dem Deckel. Schau wie schön er leuchtet!

SÜßE SCHNECKE
modellierte Schnecken

Du brauchst

50 g lufttrocknende Modelliermasse in Weiß | Schneckenhaus | ½ Zahnstocher | Acrylfarbe in Gelb, Rosa, Orange oder Hellbraun | Papierdraht in Orange, 12 cm lang | Permanentmarker in Schwarz | UHU Alleskleber Kraft

TIPP

Rennschnecken: Du brauchst einen Farbwürfel. Male die Schneckenhäuser passend zu den Würfelfarben an. Lege aus Aststückchen einen Weg. Die Farbe, die gewürfelt wurde, darf ein Aststück nach vorn rücken. Welche Schnecke macht das Rennen?

 Forme zunächst den Kopf der Schnecke. Dazu benötigst du eine etwa 3 cm große Kugel, die du dann ein wenig oval drückst.

 Klebe ein kleines Kügelchen als Nase fest. Mit dem Zahnstocher bohrst du Löcher für die Fühler.

 Nun kommt der Körper dran: Rolle eine 5 cm große Kugel zu einer Schlange aus und biege ein Ende vorsichtig als Hals nach oben.

 Stecke einen halben Zahnstocher in den Hals der Schnecke, sodass du den Kopf befestigen kannst. Verstreiche die Klebestelle mit deinen Fingern. Drücke das Schneckenhaus probehalber auf den Rücken der Schnecke.

 Wenn die Modelliermasse nach etwa einem Tag getrocknet ist, kannst du sie bemalen.

 Klebe die Papierdrahtstücke als Fühler in die Löcher am Kopf, die Enden rollst du zu kleinen Kringeln auf.

 Ergänze das Gesicht mit einem wasserfesten Filzstift.

 Klebe das Schneckenhaus auf den Rücken deiner Schnecke. Fertig!

BASTELN MIT KNETMASSEN

TRINKFEST
Outdoorbecher

Du brauchst

schmale Schraubgläser | Fimo® in Hellblau, Rosa, Hellgrün und Weiß | Strohhalme | Ausstechförmchen, z.B. Stern, Zicklein, Blume, Blatt oder Herz | Nudelholz | Unterlage | Handbohrer | Schleifpapier | Bleistift | Backofen

---

 **1** Zuerst müssen eventuelle Papier- und Klebereste von den Gläsern entfernt werden. Das funktioniert am besten mit heißem Wasser und Spülmittel. Trockne die Gläser gut ab.

 **2** Den Mittelpunkt der Deckel einzeichnen. In die Markierung mit dem Bohrer ein Loch für den Trinkhalm bohren. Dabei das Loch etwa 3 mm größer als den Durchmesser des Trinkhalms wählen. Das Bohrloch mit Schleifpapier von scharfen Kanten befreien.

 3 Für die Grundfläche des Deckels Fimo® in der Lieblingsfarbe auswählen. Mit dem Nudelholz auf der Unterlage eine 3 mm dicke Platte etwa im Durchmesser wie der des Deckels ausrollen. Die Fimo®-Platte nun auf den Deckel legen und andrücken. Überschüssige Masse mit einem Messer entfernen. Mit einem Bleistift die Vertiefung für den Strohhalm von oben durchstechen und von unten die Lochkanten glätten.

 4 Nun eine Farbe für das Motiv aussuchen und eine Platte mit 2 mm Dicke ausrollen. Das Motiv mit dem Ausstechförmchen ausstechen, vorsichtig auf den Deckel legen und andrücken. Mit dem Bleistift nun die Vertiefung für den Strohhalm von oben erneut durchstechen und die Masse ebenfalls von unten glätten.

 5 Den Deckel nun wie in der Verpackungsangabe beschrieben in den vorgeheizten Ofen stellen und das Fimo® aushärten. Auskühlen lassen und fertig sind die neuen Trinkbecher.

Zutaten für die Zitronenlimonade

Saft von 3 Zitronen
ein kleiner Bund frische Minze
3 Esslöffel Honig
1 Liter Wasser

Den Honig in etwas heißem Wasser auflösen. Dann den Saft der drei Zitronen dazugeben und gut verrühren. Alles in eine Karaffe füllen. Die frische Minze hineingeben und mit Wasser aufgießen. Die Limonade bei Zimmertemperatur stehen lassen, damit die Minze ziehen kann. Dann ab in den Kühlschrank und gut gekühlt genießen.

MAGNETSTERN

grandioser Gipsguss

Du brauchst

300 g Modellgips | 11 Magnete, Stärke 5 mm, ø 20 mm | Eiswürfelform in Sternform | Acrylfarbe in Rosa, Pink, Hellblau, Hellgrün, Hellgelb und Weiß | Messer | UHU Alleskleber

 Den Modellgips in einer Schüssel nach Packungsanleitung anrühren. Dann ausreichend Gipsmasse mit einem Teelöffel in die Eiswürfelformen geben. Die Form ein paar Mal auf den Tisch klopfen, damit sich der Gips gut verteilt und keine Lufteinschlüsse entstehen.

 Zum Schluss bekommen deine schicken Sternchen noch einen Anstrich mit Acrylfarbe. Trocknen lassen. Wow!

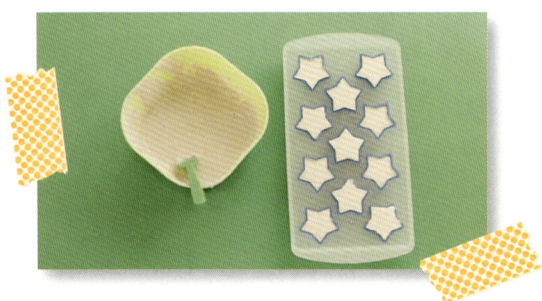

Warte, bis der Gips ganz ausgehärtet und trocken ist (am besten über Nacht). Dann kannst du die Sterne aus der Form herausdrücken und mit Alleskleber die Magnete auf die Rückseite kleben.

SCHWIMMENTCHEN

schaukeln um die Wette

Du brauchst

Schwimmknete in Rot, Hellgrün, Blau, Lila, Gelb, Schwarz und Weiß

- -

 Forme zuerst einen tropfenförmigen Körper und eine Kugel für den Kopf. Dann setzt du den Kopf vorne auf den Entenkörper.

 Für die Schwanzspitze und Flügel Dreiecke formen und am Entchen ansetzen.

 Nun fertigst du aus der weißen Knete kleine Augenkugeln an. Setze winzige Kreise in Schwarz als Pupillen darauf. Drücke die Augen auf den Kopf.

 Einen Schnabel anfertigen und unterhalb der Augen festdrücken. Für die Bauchfedern drückst du ein wenig Knete ganz flach und befestigst das Stück vorne am Körper.

TIPP

Bastle ganz viele Entchen in verschiedenen Farben, lass sie in einem kleinen Bach schwimmen und gehe ein gutes Stück weiter den Bach hinunter. Welche Ente macht das Rennen?

PIEPMATZPOOL

erstes Mosaik

Du brauchst

Blumenuntersetzer aus Ton, ø 15 cm oder 23 cm |
Muscheln | kleine flache Steine |Glasnuggets in
Grün, Blau und Gelb | Fugenweißpulver, 200 g |
Schwamm | Eimer mit Wasser

 Rühre 200 g des Fugenweißpulvers zu einem
zähen Brei an. Fülle die Masse mit einem Löf-
fel in einen Blumenuntersetzer und verteile
sie darin bis zum Rand. Die Schicht sollte so
hoch sein, wie dein Zeigefinger dick ist.

 Nun musst du dein Mosaik mit einem großen
Klecks Fugenmasse überziehen. Die Schätze
darin verschwinden fast!

Mit einem nassen Schwamm die überschüssige Masse abnehmen und die Muscheln und
Steine damit säubern.

 Jetzt kannst du Muscheln, Steine und Glas-
nuggets in die Masse drücken.

Den Rand mit den Fingern bearbeiten: Glätten
oder Muster eindrücken! Dann musst du die
Vogeltränke gut trocknen lassen, am besten
zwei Tage lang, damit sie wasserfest wird.
Wasser einfüllen, schon können die Flatter-
männer darin baden und daraus trinken.

NATURKUNST
Kacheln aus Salzteig

Du brauchst

Salzteig: 2 Tassen Mehl | Tasse Salz | Tasse Wasser | Teelöffel Öl

Nudelholz | leeres Glas | verschiedene Naturfunde, z.B. Zapfen, Blätter, Muscheln, Gräser oder Schneckenhäuser | Bleistift (alternativ Zahnstocher)

- -

1 Stelle zunächst einen Salzteig her: Füge dazu zwei Tassen Mehl, eine Tasse Salz, eine Tasse Wasser und einen Teelöffel Öl in einer Schüssel zusammen und verknete sie zu einem glatten Teig.

2 Rolle den Teig auf einer bemehlten Oberfläche 1 cm dick aus. Verwende dazu eine große Dose oder ein Nudelholz.

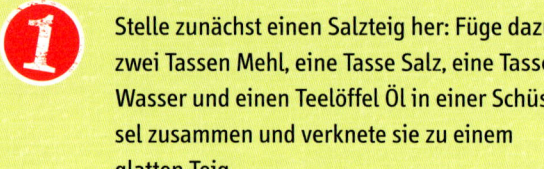

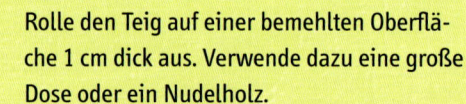

3 Drücke die Naturfunde vorsichtig in den ausgerollten Teig, sodass sich die Struktur der einzelnen Formen im Teig abzeichnet.

4 Stich den Abdruck einem umgedrehtem Glas aus. So erhältst du runde Kacheln mit einem Relief der Naturfunde.

6 Lege die Kacheln zum Trocknen für einen Tag beiseite.

7 Sobald sie vollständig getrocknet sind, kannst du die Salzteigscheiben im vorgeheizten Back-ofen bei 100 Grad für anderthalb Stunden backen.

5 Entferne den restlichen Teig und stich zum Schluss mit einem Bleistift ein kleines Loch zum Aufhängen unter den oberen Kachelrand.

TIPP

Beim nächsten Fest veranstaltest du ein Quiz: Wer errät, welche Struktur woher stammt? Lustig ist auch ein Me-mospiel, bei dem du verschiedene Teile einer Pflanze abdruckst – wer findet zur Frucht das passende Blatt?

BETONSCHALE
bunter Bottich

Du brauchst

Zementmörtel (alternativ Estrich-Beton, kleine Körnung), 5 kg | Eimervoll Kieselsteine | Wasser, 0,5 l | Eimer | Maurerkelle | Speiseöl & Pinsel | 2 Plastikschalen (verschiedene Größen) | alte Plane | Einweghandschuhe | Acryllack in Türkis oder Apfelgrün | Handtuch 7 Schwamm

---

1 Streiche die Schüsseln mit dem Speiseöl ein. Die größere von innen, die kleinere von außen.

2 Beton mischen (Allergiekinder sollten dabei Handschuhe tragen!): Fülle etwa 300 ml Wasser in einen Eimer und gib mit der Maurerkelle Beton hinzu, bis die Mischung die Konsistenz von Quark hat. Sollte deine Masse zu fest sein, kannst du ein wenig Wasser zugeben.

3 Fülle nun die große Schale Schicht für Schicht. Damit die eingeschlossene Luft entweichen kann und die Form gleichmäßig gefüllt wird, musst du die Form immer wieder rütteln und auf den Boden klopfen. Sobald die Oberfläche eben ist, kannst du die nächste Schicht einfüllen.

4 Fülle die große Schale zu zwei Dritteln mit Beton. Fülle die kleine Schüssel mit Kieseln und drücke sie mittig in den Beton. Achte darauf, die kleine Schale nicht zu tief einzudrücken, da der Betonboden sonst zu dünn wird und brechen kann.

Sollte deine Oberfläche uneben sein, kannst du diese mit einem nassen Schwamm glätten.

 Innen kannst du deine Schale noch mit Acrylfarben bunt anmalen. Der Beton hat erst nach zwei Wochen seine endgültige Stabilität erreicht. Die Betonschale also vollständig trocknen lassen, bis sie eine hellgraue Farbe hat, bevor du Wasser einfüllst. Du kannst die Schale wunderbar als Vogeltränke nutzen oder für Schwimmkerzen.

 Deine Schale muss nun trocken. Stelle sie dafür an einen trockenen Ort ohne direkte Sonne und warte zwei Tage.

 Zuerst kannst du die innere Schale lösen. Lege ein altes Handtuch unter, drehe die Schale auf den Kopf und löse die große Plastikschüssel durch leichtes Klopfen.

FARBTUPFER FÜRS OHR

Baumelnde Ohrringe

TIPP
Schmück die Ohren! Mach dir doch für jedes Outfit die passenden Ohrringe. Du kannst Formen, Farben und Größen variieren.

Du brauchst

lufttrocknende Modelliermasse in Neonpink und Neongelb | 2 Ohrhaken versilbert, 20 mm lang | Silberdraht, ø 0,3 mm | 2 Verbindungsringe, ø je 7 mm | Schere | Knöpfe mit Muster | Teigrolle | runde Ausstecher, ø 3 cm und 2 cm | Nadel

 Rolle die Modelliermasse ca. 2 mm dick aus und drücke Knöpfe, Ausstecher (sanft!) oder andere Dinge, die ein schönes Muster ergeben, flächig hinein.

 Stich mit den Ausstechern unterschiedlich große Kreise daraus aus und lass sie einige Stunden (am besten über Nacht) trocknen.

 Mit einer Nadel bohrst du Löcher in deinen Ohrschmuck.

4 Stecke ein ca. 3 cm langes Stück Silberdraht durch das Löchlein und verbinde so jeweils zwei Kreise miteinander. Der kleine baumelt unten, durch den großen ziehst du einen Verbindungsring. Diesen befestigst du mit einer Zange am Ohrhaken.

GARTENZWERGBANDE
Farbkleckse fürs Beet

Du brauchst

3 leere Klorollen | 3 Papp-Spitzbecher | Modellgips | Acrylfarbe in Rot, Rosa, Weiß, Türkis, Pink, Gelb, Hellblau, Grün und Schwarz | Klarlack | Pinsel | Kraftkleber

1 Für diese fröhlichen Gartengesellen musst du zunächst Modellgips anrühren. Achte dabei auf die Herstellerangaben auf der Packung. Du brauchst ca. 250 g. Jetzt stellst du die drei Klorollen aufrecht hin und befüllst sie in unterschiedlichen Höhen mit Gips.

2 Die Papp-Spitzbecher (gibt es oft in Kaufhäusern an Wasserspendern) stellst du mit der Spitze in ein schmales Gefäß, z.B. ein Trinkglas, sodass sie festen Halt haben. Dann befüllst du sie zu ca. 6,5 cm mit Gips. Jetzt heißt es warten – am besten über Nacht – bis deine Gipsteile getrocknet und fest geworden sind. Dann kannst du sie nacheinander aus den Formen herausnehmen.

3 Den Zipfel bemalst du mit knallroter Farbe, wie es sich für einen richtigen Gartenzwerg gehört. Dann kümmerst du dich um den unteren Teil. Mal zuerst die ganze Rolle in einer Farbe an, lass sie gut trocknen und male dann die Details auf.

4 Wenn du zufrieden bist mit deinem Werk, klebst du Zipfel und Zwerg mit Kraftkleber zusammen und bestreichst deine drei Zwerge zum Schluss mit Klarlack, damit sie wetterfest werden.

TIPP
Gestalte ein kleines Gartenbeet oder einen Balkonkasten: Säe deine Lieblingskräuter, Salat oder Blumen aus. Stelle dann die kleinen Gartenzwerge dazu. Jeden Tag gießen, dann wird das ein Augenschmaus!

MEINE STADT
gießen und gestalten

Du brauchst

leere Tetra Paks® (z.B. von Saft, Milch oder Tomatensoße) | Gips, ca. 3 kg | Wasserfarben in Blau, Rot und Gelb | Haushaltsschere | Wasser | Esslöffel (zum Anrühren) | dicke und dünne Pinsel

- -

 Sammle Tetra Paks® in unterschiedlichen Größen. Schneide diese mit der Haushaltsschere oben ringsherum auf. Wasche die leeren Formen gründlich mit Wasser aus.

 Fülle alle Tetra Paks® etwa halb voll mit Wasser. Dann lässt du das Gipspulver nach und nach hineinrieseln, und zwar doppelt so viel Pulver wie Wasser. Das Gemisch gut mit einem Löffel verrühren. Warten.

 Rühre das Gemisch nochmals gut durch, sodass eine homogene Masse entsteht. Dann sollte der Gips über Nacht trocknen.

 Sobald sich das Gefäß hart anfühlt, drückst du den Papprand leicht gegen die Gipsform, um zu prüfen, ob sie sich schon löst. Da die Form beim Stürzen beschädigt werden kann, schneidest du die Pappe lieber ein und ziehst sie dann vorsichtig von der Form ab.

 Nun kannst du deine Häuschen nach Herzenslust anmalen und anschließend mit Fenstern und Türen schmücken.

TIPP
Verwende unterschiedliche Tetra Pak®-Formen oder gieße die Kartons unterschiedlich hoch aus, so werden die Gebäude abwechslungsreicher.

SPRINGFROSCH

Flummi aus Hüpfknete

Du brauchst

Hüpfknete in Grün | 2 Wackelaugen, ø 6 mm | Zahnstocher

 1 Trenne von der Hüpfknete zwei kleine Stücke ab und rolle sie zu Kugeln.

 3 Drücke die Wackelaugen vorsichtig in die kleinen Kugeln hinein und ritze mit einem Zahnstocher den Mund ein. Schon kann der Hüpfspaß beginnen!

 2 Den Rest der Knete formst du zu einem Oval. Drücke die Kugeln auf dem Oval nebeneinander fest.

VORLAGEN

Magische Einhörner
Seite 32

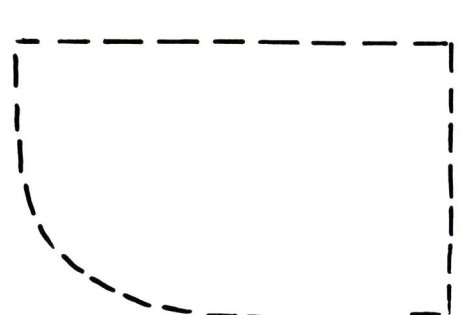

Vorlagen zum Download

In deiner digitalen Bibliothek unter www.topp-kreativ.de/digibib kannst du nach erfolgreicher Registireirung alle Vorlagen herunterladen. Den Code zum Freischalten findest du im Impressum auf Seite 124.

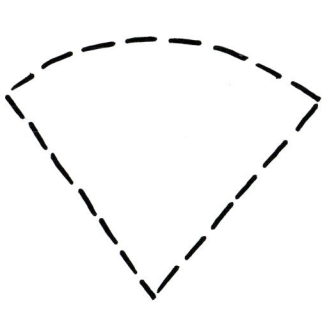

Knöllchen

Seite 24
bitte auf 200% vergrößern

Kleinstwildjäger

Seite 26
bitte auf 200% vergrößern

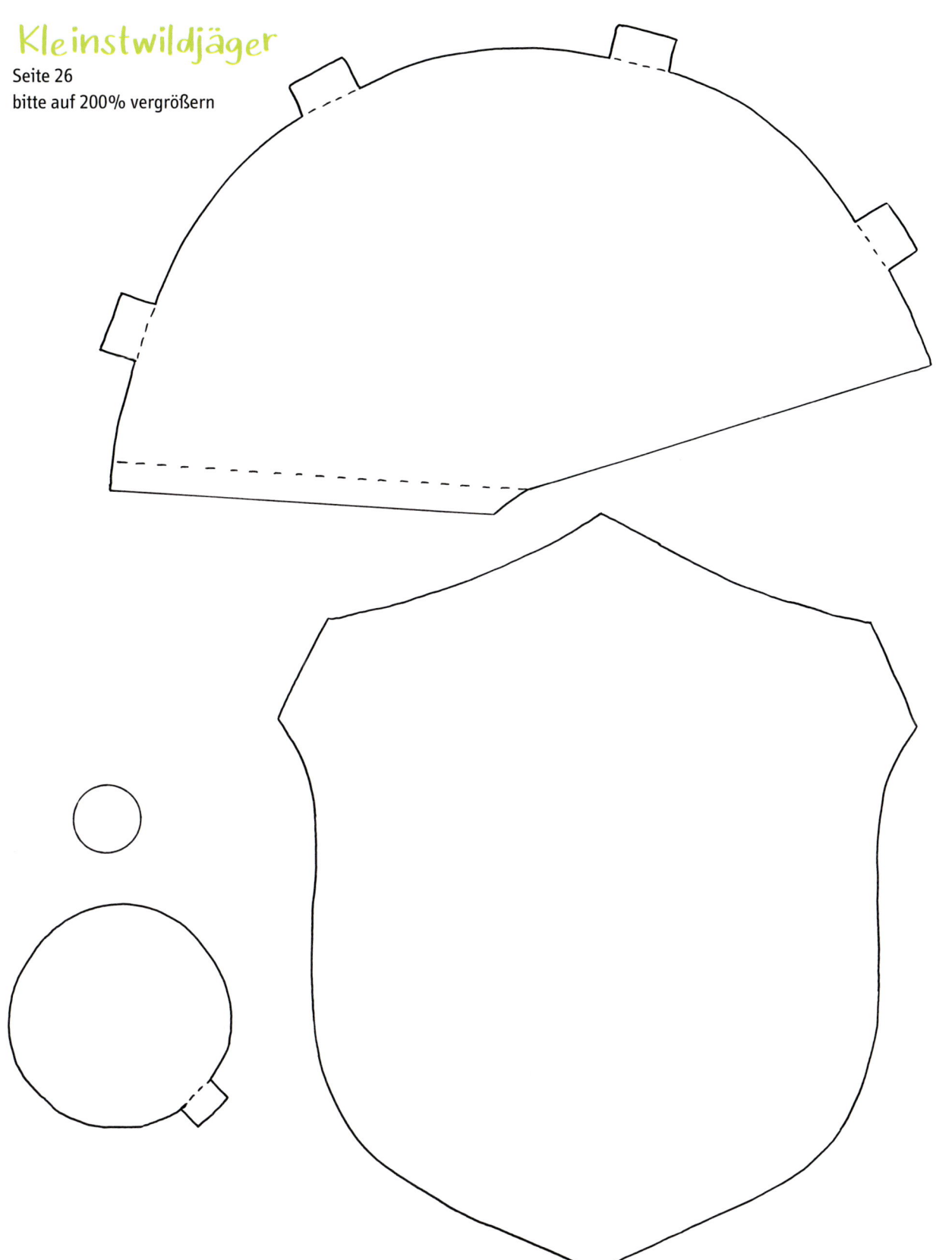

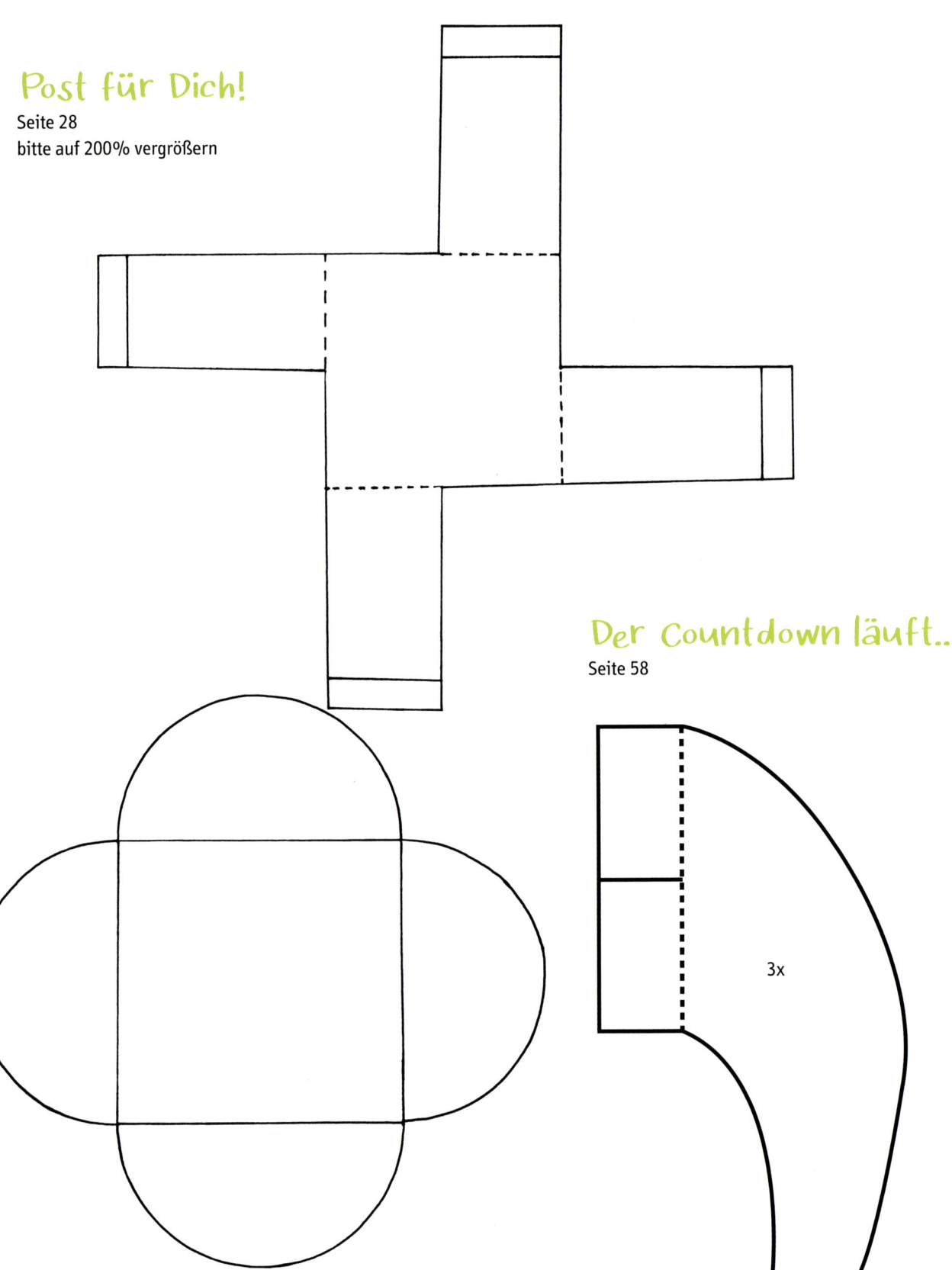

Post für Dich!

Seite 28
bitte auf 200% vergrößern

Der Countdown läuft...

Seite 58

3x

Hasenohren

Seite 40

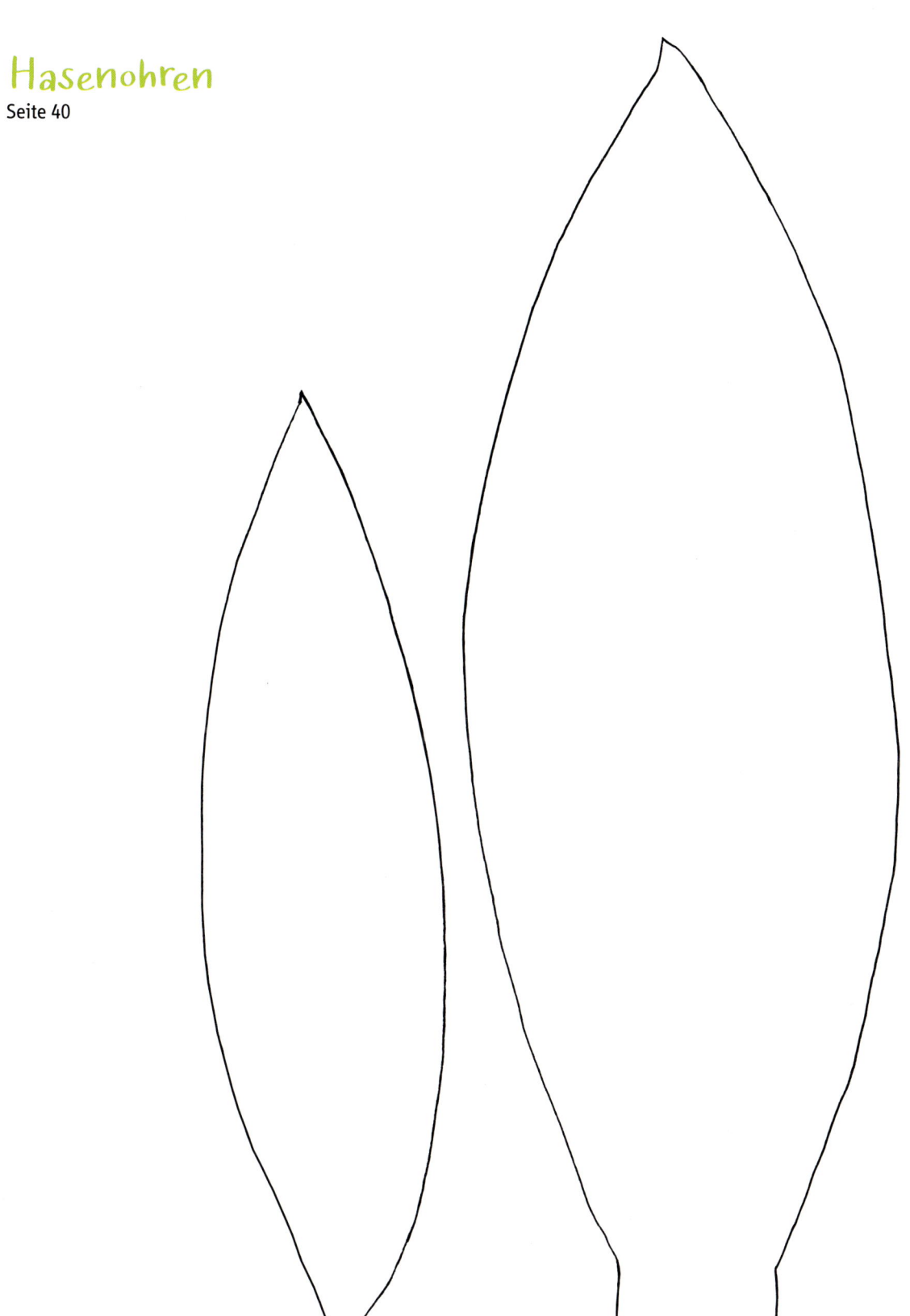

Witziges Webmonster
Seite 44

Das Krokodil vom Nil
Seite 36

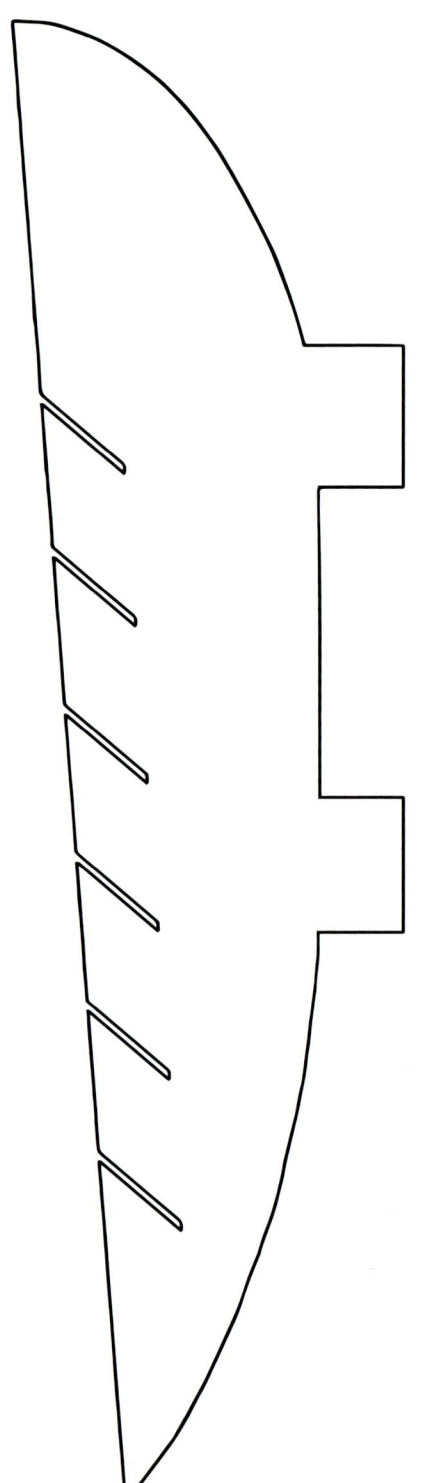

Blumengrüße
Seite 52

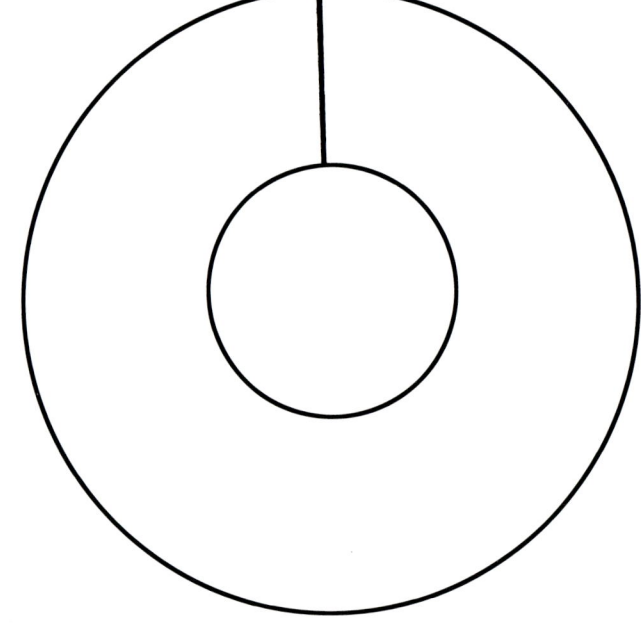

Stiftebecher deluxe

Seite 54

Küken

Schnabel

Auge
2x

Pupille
2x

Fuß
2x

Frosch

Auge
2x

Pupille
2x

Fuß
2x

Shoppingqueen

Seite 70

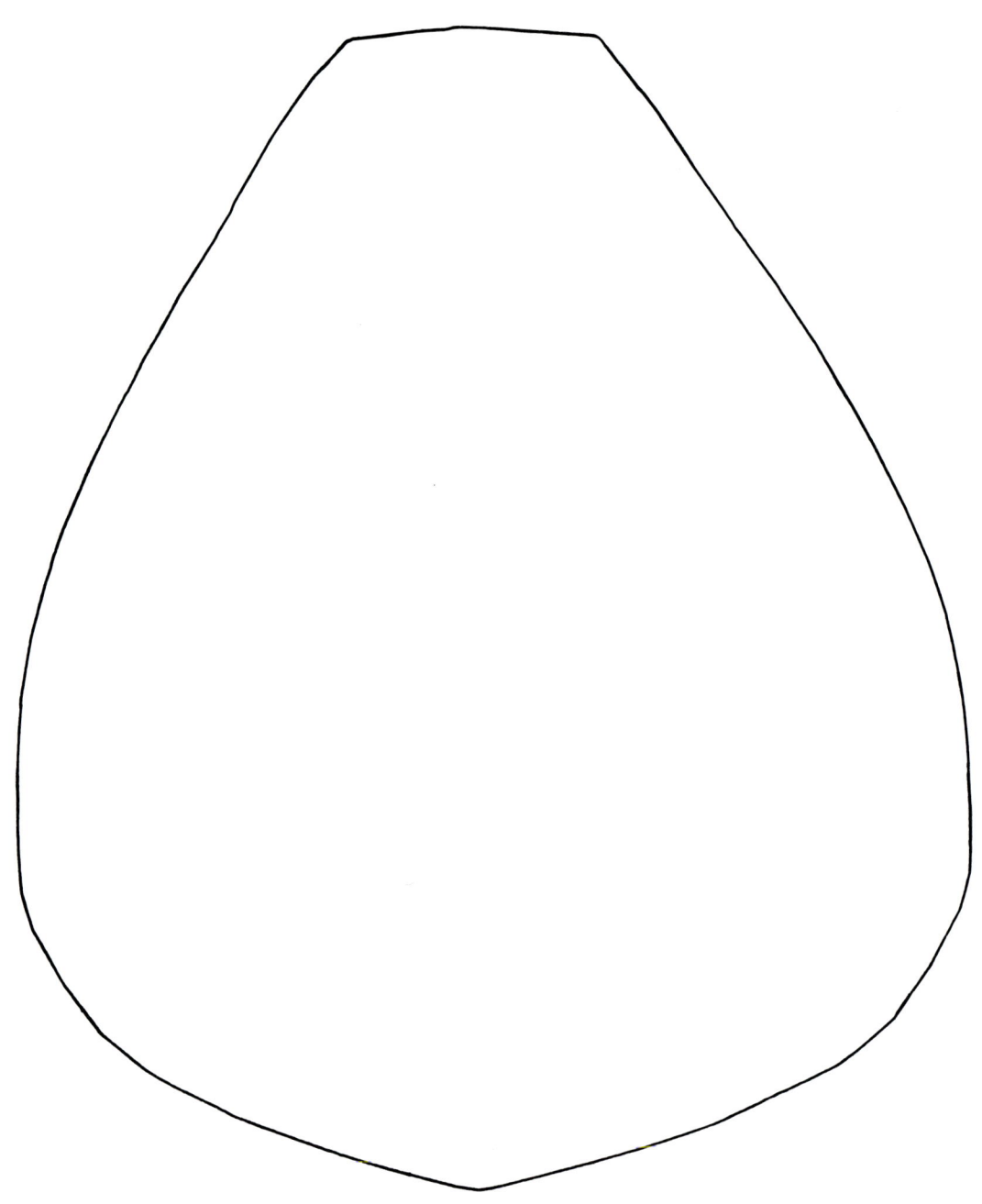

Stadtfuchs

Seite 86
Bitte auf 250% vergrößern

Herbstlicht

Seite 88

Treppen-Highway

Seite 20

Ein knallbunter Strauß

Seite 18

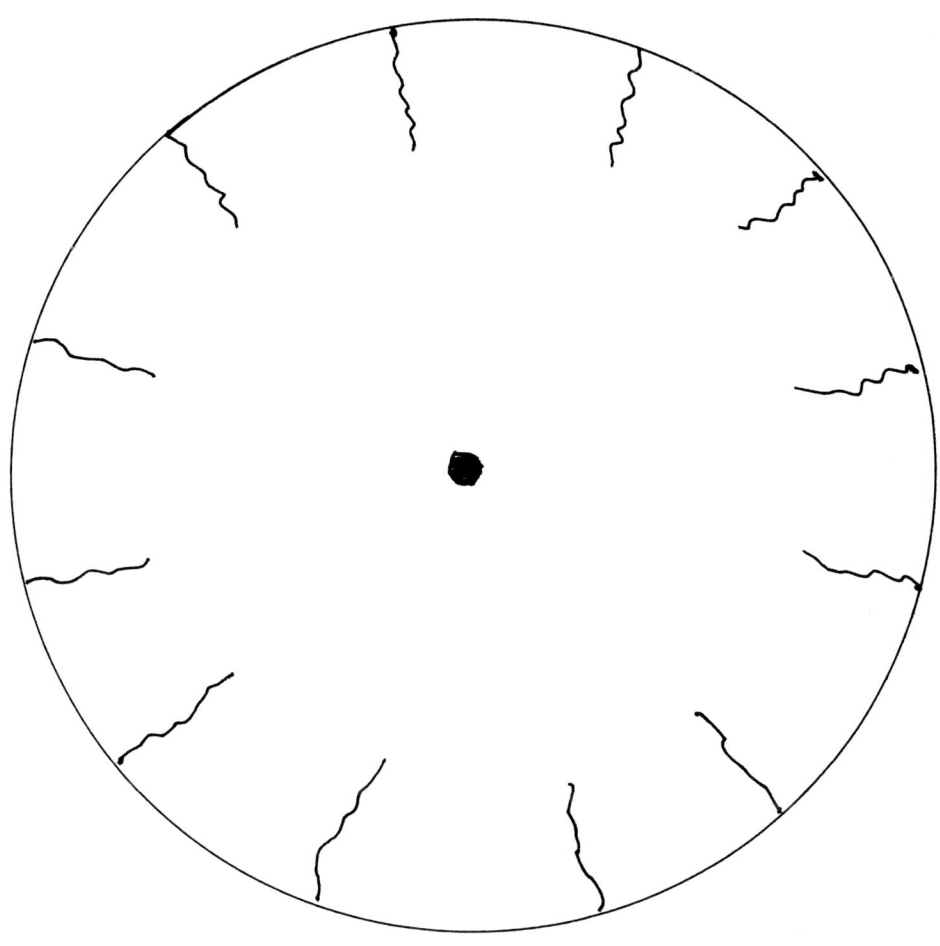

Blitzblank!

Seite 34

Buchempfehlungen für dich

Noch mehr kreative Bücher gesucht?

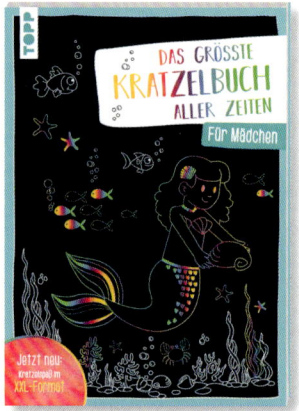

ISBN 978-3-7724-7855-0

ISBN 978-3-7724-7841-3

ISBN 978-3-7724-8423-0

ISBN 978-3-7724-7848-2

ISBN 978-3-7724-7955-7

ISBN 978-3-7724-7886-4

Noch mehr Kreativ-Bücher finden Sie auf www.TOPP-kreativ.de

Sticker-Spaß für unterwegs

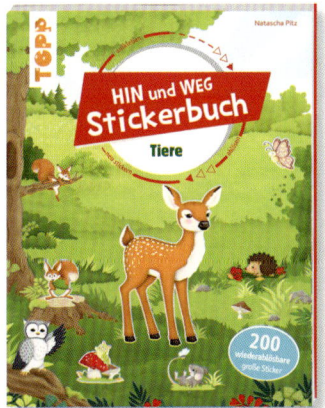

ISBN 978-3-7724-7844-4

ISBN 978-3-7724-7845-1

ISBN 978-3-7724-7843-7

ISBN 978-3-7724-7842-0

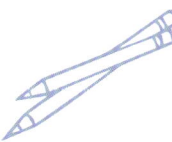

ISBN 978-3-7724-8476-6

ISBN 978-3-7724-8444-5

#TOPPPROJEKT

Die eigene Kreativität zeigen: TOPPprojekt mit anderen Kreativen teilen und Teil der Gemeinschaft werden.

DIY-begeistert und auf Instagram? Dann unbedingt mitmachen! Hier gibt's Tipps und Feedback zu den eigenen Projekten. Außerdem verlosen wir jeden Monat ein Überraschungspaket. Um am Gewinnspiel teilzunehmen, einfach ein Bild vom Kreativ-Projekt aus unseren Büchern mit #TOPPprojekt posten und unserem Account @frechverlag folgen. Mehr Infos auf TOPP-kreativ.de/TOPPprojekt

Mach mit beim
#TOPPPROJEKT
#TOPPprojekt
@frechverlag

Webseite
Auf TOPP-kreativ.de gibt es ein riesiges Angebot von über 1.000 Kreativ-büchern, Sets & mehr zu entdecken.

Newsletter
Immer als Erstes von unseren Neuheiten und Sonderaktionen erfahren: TOPP-kreativ.de/newsletter

Instagram
@frechverlag

DigiBib
Hier gibt es zusätzlich zu einigen unserer Bücher digitale Extras, wie Video-Tutorials, Plotter-Dateien, Vorlagen, Übungsblätter & vieles mehr. Einfach im Impressum eines TOPP-Buchs nachschauen, ob dort ein Code vorhanden ist und exklusive Inhalte freischalten TOPP-kreativ.de/digibib

Pinterest
pinterest.com/frechverlag

Facebook
facebook.com/frechverlag

Youtube
youtube.com/frechverlag

Wer wir sind, wie wir arbeiten, was wir lieben ...

Mehr über uns und unsere Arbeit und immer mit den neuesten Informationen versorgt schnell und einfach über auf Instagram, Facebook und Pinterest.

Alle News, alle Infos und alle Links findest Du auf www.TOPP-kreativ.de

Der Freischalte-Code für die Vorlagen lautet: 11146

Impressum

MODELLE UND ARBEITSSCHRITTFOTOS: Ina Andresen (S.26/27, 44/45, 46/47, 54/55, 62/63, 68, 69, 74, 75, 82/83, 96), Pia Deges (S.40/41, 48/49, 50/51, 64, 70/71, 76/77, 78/79, 94/95, 102/103, 104/105), Sybilla Ferdinand (S.100/101), Stephanie Herrmann (S.6/7, 20/21, 66/67, 92/93), Alice Hörnecke (S.28/29, 34/35, 52/53), Birgit Kaufmann (S.89, 108), Pascale Lamm (S.60/61, 80/81, 86/87, 88, 98/99), Rena C. Lange (S. 106/107), Tanja Neukircher (S.22/23, 37), Susanne Pypke (Cover sowie S.16/17, 36, 42, 43, 58/59), Gudrun Schmitt (S.32/33, 65), Eva Sommer (S.24, 25, 97), Tanja Wechs (S.84, 85), Andrea Wegener (S.18/19, 30/31)

FOTOS: frechverlag GmbH, 70499 Stuttgart; Michael Ruder, Stuttgart

PRODUKTMANAGEMENT UND LEKTORAT: Anja Klett

COVERGESTALTUNG: Sandra Preinl

LAYOUT UND SATZ: FSM Premedia GmbH & Co.KG, Münster, Melanie Everding-Hackmann

HERSTELLUNG: Katrin Röhlig

DRUCK UND BINDUNG: Shenzhen Reliance Printing Co., Ltd.

1. Auflage 2020

© 2020 frechverlag GmbH, Turbinenstr. 7, 70499 Stuttgart

ISBN 978-3-7724-4956-7 • Best.-Nr. 4956